JN109791

新しい
取締役会
の運営と
経営判断原則

第2版

長谷川俊明 [著]

Hasegawa Toshiaki

中央経済社

第2版はしがき

　本はしがきを執筆する直前の2019年12月4日，改正会社法が参議院本会議で可決，成立した。公布の日（2019年12月11日）から「1年6月を超えない範囲内において政令で定める日」から，一部を除き施行になる。

　今回の会社法改正は，企業統治（ガバナンス）改革を旗印に行われた2014年改正の流れを受け継ぐが，今回の改正の"目玉"は，社外取締役設置の下記「大会社」への義務づけである。コーポレートガバナンス・コード（CGコード）では，上場企業に先行的に要求してきたが，2014年改正では義務づけを先送りにしていた。

　このハードローによる社外取締役義務づけは，①監査役会を置き，株式の譲渡制限がない，②資本金が5億円以上または負債総額200億円以上の大会社である，③有価証券報告書の提出義務がある，のいずれも満たす企業を対象にする。上場，非上場を問わない。

　すでにCGコードの要求に応え，東証一部上場企業の9割以上が2人以上の独立社外取締役を置いている。マザーズ市場やジャスダック市場の上場企業では，現状で半数程度しかこれを達成していないとはいえ，ハードローによる社外取締役設置義務化が，いまさら大きなインパクトを与えるとは考えにくい。

　むしろ今回の法改正は，施行前から生じるアナウンス効果を含め，ただ設置するだけでなく，ガバナンス向上のためにいかに社外取締役を「活用」するかの課題を企業につきつける効果をもたらす。

　社外取締役の活用例として改正会社法348条の2は，マネジメント・バイアウトの場面や親子会社間の取引の場面など，株式会社と取締役との利益が相反する状況にあるときその他，取締役が当該株式会社の業務を執行することにより株主の利益を損なうおそれがあるときは，当該株式会社は，その都度，取締

役会の決議によって，当該株式会社の業務を執行することを社外取締役に委託することができるものとし，委託された業務の執行をすることによって社外取締役の要件を満たさないこととはならないものとした。

今回の法改正は，社外取締役を義務化し，その「活用」を促す一方で，責任追及の訴訟から社外取締役などを“救済”する規定を入れた。

「取締役等への適切なインセンティブの付与」としての，「補償契約」と「D＆O保険」に関する新規定がそれである。本書のテーマにも関連して，いわば取締役の救済策にもなり得，重要な意味をもつ。

この立法措置には，アメリカの州会社法の規定や判例法の考え方が影響している。同国では，一部濫訴的なものを含め，D＆O訴訟による責任追及が厳しく，救済策を打ち出さないと社外取締役のなり手がなくなるのではと危惧されたことが背景にある。

そのため，アメリカでは法理論を超えて政策的に，“救済策”の法定などに迫られた。日本でも，社外取締役を義務づける一方で，似たような措置を講ぜざるをえなくなったと考えられる。

本書28頁以下には，「救済策」導入の背景事情を，アメリカの場合とも比較し，“救済策”相互の，あるいは経営判断原則との関係を説明した。

株式会社の重要な意思決定は，原則として取締役会の決議によらなくてはならない。そのため，ガバナンス改革を推し進めようとしたら，何よりもまず取締役会を改革する必要がある。

その改革のポイントは，2つある。ひとつは，取締役会に参加するメンバーの構成にダイバーシティ（多様性）をもたせることである。もうひとつは，取締役会の審議プロセスを充実させた運用を心がけることである。

従来，取締役会の審議は，形式的に法令の求める最低限をクリアすればよいとして行われてきたきらいがある。ただ，取締役会による意思決定も，予期しなかった外部環境の悪化によって，結果として会社に損害をもたらすことがあり得る。いわゆる経営判断ミスの場合が多いであろう。

その場合でも，取締役や監査役が会社に対して負う善良な管理者の注意義務

を尽くしたといえるように，ダイバーシティのあるさまざまな立場の社外役員から出る意見に耳を傾けつつ，十分に時間をかけた充実した審議を心がけることである。

そうすることによって，本書のテーマである「経営判断原則」の適用を受け，結果がクロ（会社に損失発生）でも判断に至るプロセスが十分に"慎重"であれば，決議に参加した者の責任が否定されシロとされ得る。

いま，ある日本企業が東南アジアの新興国市場でM＆Aによって現地企業を買収して子会社化することにしたとしよう。投資金額にもよるが，現地のどのような企業をいくらで買収するかを決定するのは，多くの場合取締役会である。

海外でのM＆Aには，国内とは異質のリスクに見舞われるおそれが潜む。必要なリスク管理のプロセスを踏むなかで，外国人独立社外取締役の意見がリスクの「洗い出し」に役立つかもしれない。

また，公認会計士の資格をもった社外取締役の取締役会での発言により，大きすぎるプレミアム（のれん）を支払っての買収に"待った"がかかるかもしれない。こうした審議を経た取締役会の承認決議がなされるならば，CGコードのいう「意思決定の合理性」が発揮されたとみてよいであろう（本書119頁以下参照）。

本書は，2015年3月に初版を出した『新しい取締役会の運営と経営判断原則』の第2版である。この間に，企業を取り巻く法的環境は大きく変わった。

まず，ハードローとして2014年6月に成立した改正会社法が，翌2015年5月から施行になった。その後，2019年12月には，さらなる会社法改正が成立したことは，上述のとおりである。

ハードローとしては，「事業等のリスク」開示を求める開示府令の改正が重要であるが，「リスク管理体制の高度化」と取締役会による裁量的経営判断については，本書74頁以下に詳述した。

次に，2014年会社法改正の成立，施行と相前後するかたちで，ソフトローのスチュワードシップ・コード（「SSコード」）が2014年2月に，コーポレートガバナンス・コード（「CGコード」）が2015年6月に，それぞれ適用開始になっ

た。

　SSコード，CGコードは，2017年5月と2018年6月にそれぞれ改訂になった。SSコードの改訂内容でとくに重要なのは，議決権行使結果の個別開示の原則化，運用機関などによるガバナンス・利益相反管理の向上他である。運用機関が会社として合理的な意思決定を行い，その結果をみずからの株主などステークホルダーに説明・開示できるかが問われる。

　CGコードの改訂内容として，本書のテーマである「経営判断原則」に関連しとくに重要なのが，より多くの独立社外取締役による役割発揮要求に一歩踏み込んでいる点である。

　本書は，初版以来，経営判断原則の適用によって，会社役員の善管注意義務の軽減などが認められるための意思決定がどうあるべきかを，裁判例などを通じてなるべく具体的に検討してきた。

　本第2版においても，初版以降に改正されたハードロー，ソフトローの下で，新たに下された判決例なども加えて，さらに検討を充実させている。決め手は，独立社外役員をして，会社の重要な意思決定に，いかに実質的に関与してもらうかにある。

　このような大きな変革期にタイミングよく第2版を出せることになったのは，初版出版時から変わらず，本書のテーマの重要性を理解し，貴重な示唆を与えて下さった中央経済社編集部の露本敦氏のおかげである。ここに記して感謝申し上げたい。

　2020年1月

長谷川　俊明

目　次

第1章　経営判断原則とは何か

第2章　会社の意思決定と経営判断原則

第3章　経営判断原則を意識した取締役会運営

第1章

経営判断原則とは
何か

**経営判断原則は
なぜ必要なのか**

❶ 経営判断原則の適用が受けられる意思決定

⑴　重要な行動準則

　企業経営者は，さまざまなリスクが想定されるなかで随時適切な経営判断を下すことを求められる。経営判断にあたって，これだけは意識しておいてほしい行動準則がある。それは，**経営判断原則の適用を受けられる意思決定を心がけることである。**

　何をどこまでどうやれば本原則の適用を受けられるのかについては，このあとの本書の記述を読んでもらうのがよいであろう。ここでは，経営判断原則の適用を受けるのと受けないのとでは何がどう違うのかだけ明らかにしておきたい。

　適用のメリットが生じるのは，株主代表訴訟で取締役の会社に対する賠償責任が追及されるような場面においてである。同訴訟では，株主が原告となって，ほとんどの場合，取締役個人を被告として会社に対する損害賠償責任が追及される。

　取締役が職務を執行するにあたって，明白な法令・定款違反があれば会社に対する損害賠償責任は免れそうにない。だが，**取締役が十分慎重に意思決定をした場合であれば，その結果会社に損害を与えたとしても責任を問わないとするのが経営判断原則**である。

⑵　取締役敗訴で会社が受けるダメージ

　これだけだと取締役個人の問題でしかないと思われるかもしれない。しかし，会社やその属する企業集団の命運を左右するような意思決定において取締役の善良なる管理者の注意義務違反があったと裁判で認定されることが会社に与える不利益はきわめて大きなものになり得る。

　株主代表訴訟は，形式上は取締役など役員個人の行為によって損害

株主代表訴訟の流れ

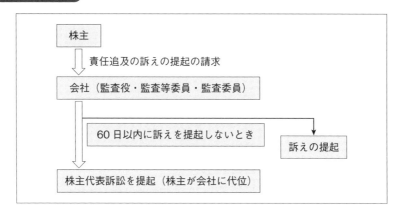

を被った，いわば被害者の立場に立つ会社に対し加害者の立場の役員個人が損害賠償をしろと求める訴訟である。理屈のうえでは，加害者が訴訟で負けて損害賠償がなされることを被害者は望むはずであるが，ことはそう単純ではない。

　会社としては，いいかげんで軽率な意思決定を行ったといわれないため，名誉にかけても被告役員側に勝訴してほしいと望む場合のほうが多い。そこで，株主代表訴訟のなかで，会社が原告＝株主側ではなく，被告＝役員側に，いってみれば助太刀に入る，補助参加が認められることがある。この補助参加は被害者が加害者を応援するに等しく，利益相反管理が求められ，**裁判所は経営判断原則を適用して補助参加の許可を判定する**（92頁以下参照）。

　取締役会議事録をはじめとして意思決定の過程と結果を記載した"証拠書類"のほとんどを保管，管理する会社が味方につけば裁判が有利に運ぶであろうことは容易にわかる。

　このように経営判断原則が適用され得る意思決定を行うことは，役員個人のというよりはのちに会社の命運を左右し得るほど重要なことなのである。

❷ ビジネス・ジャッジメント・ルールと経営判断原則

　経営判断原則はいまや日本でも判例法としてすっかり定着した観がある。モデルが，アメリカの州会社法下での判例法であることは，疑いのないところである。

　アメリカでは，ビジネス・ジャッジメント・ルール（BJR）と呼ばれる考え方と日本の経営判断原則とでは要件面その他細かい点を含めれば内容に相違点がみられる。アメリカと日本とでは，取締役の対会社での損害賠償責任を根拠づける会社法の規定内容が異なる以上，相違点が生じるのはむしろ当然のことである。

　それよりも重要なのは，基本的な考え方を共通にする判例法理が日本でもアメリカにならうかたちで導入された事実と，なぜこのような判例法理を日本でも導入する必要があったかのいわば背景事情である。

　詳しくは後述するように，アメリカ判例法の認めるBJRには，会社に対する賠償責任追及訴訟の急増から役員を「救済」しないことには，いずれは役員のなり手がいなくなってしまうのではとする差し迫った政策的背景があった。

　日本でも，1993（平成5）年の商法改正によって株主代表訴訟制度の「合理化」が行われ，訴え提起時に国に納付する収入印紙代が一律8,200円（当時）でよくなったとたん，濫訴的状況が生まれた。同訴訟への対応が検討され，意思決定プロセスを重視し経営判断に慎重さを求めるようになった。

　それは，日本においてもBJRに沿った裁判所のいわば救済的判断がなされるよう期待したからに他ならない。改正当時の背景事情などは，「旧通産省研究会報告書」（21頁以下）をみてもらうのが最もわかりやすい。

　これに呼応するかのように経営判断原則を適用する最初の下級審判決が出たのが，1993年9月16日である（18頁参照）。

　BJRや経営判断原則は，アメリカ，日本いずれにおいても，**"厳しすぎる"責任追及訴訟の渦中から会社役員を救済する側面があった**ことは否定できない。

❸ アメリカにおけるBJRの発展

⑴ 判例から生まれたBJR

BJRは，アメリカの判例法として発展をみた。

アメリカにおけるこの原則の一般的な内容は，「**取締役が権限内の経営事項につき，合理的な根拠に基づいて，誠実にかつ会社の最大利益と信じるところに従って，独自の判断をするならば**，その結果として会社に損害が生じたとしても，裁判所が会社の経営に干渉したり，みずからの経営判断をもって取締役の判断に代えることで，**取締役の損害賠償責任を問うことはできない**」というもので，いわば経営"聖域論"といえる。

BJRの「根拠」には，経営判断にはリスクがつきものであり，迅速性，独創性，予見性，果敢性といった特殊性があること，取締役に免責を与えて人材を確保する必要があること，株主の危険引受責任などが挙げられている。

最後の根拠は，株主はみずから取締役を株主総会で選んだ者として危険を引き受けるべきであり，任せた以上原則として責任追及をすべきではないことを内容とする。裁判所は「超取締役会」として事後的に経営判断を下すのに適した機関ではないこと，濫訴防止などの根拠も唱えられてきた。

アメリカでは，いろいろな意味で行き過ぎた「D&O（directors and officers）訴訟」を正常なかたちに戻しつつ，会社役員の利益を守るためにこの経営判断の原則を使いはじめたのである。

⑵ リティゲーションコミッティ（訴訟委員会）の役割

アメリカの会社には監査役という機関・役職がないので，取締役が会社として取締役（D）や執行役員（O）に対する訴えを提起するかどうかの判断をするが，一歩離れた立場からこの問題を判断できる社外・独立取締役が訴訟に関する委員会（リティゲーションコミッティ：訴訟委員会と訳される）をつくり，会社としての判断を下す。

同委員会の判断自体も経営判断として尊重される。すなわち，同委員会が，訴え提起はすべきではなく，株主全体の利益にもならないと

```
訴訟委員会 ──┬── 独立（社外）取締役中心で構成
            ├── 株主の利益の視点から訴訟の提起を判断
            └── その判断は，訴訟のあらゆる場面で裁判所に尊重される
```

判断したにもかかわらず株主が代表訴訟を提起したら，裁判所が訴え
を却下できるとするのが判例である。裁判が提起されてからでも，同
委員会が，この裁判は会社の利益に反すると判断して終結するよう求
めた場合は，裁判所がその判断を経営判断の原則で尊重することにな
る。

　これは，経営判断の原則の攻撃的活用といわれるものであり，とく
に取締役の過半数が問責される株主代表訴訟を，利害関係の少ない取
締役からなる訴訟委員会（独立・社外取締役が中心）の経営判断によ
り終結することが認められている。BJRは，責任があるかないかとい
う実質判断だけではなく，訴えを起こすかどうかの入口部分および訴
訟を途中でやめるかどうかの出口のところでも使われる。

　このようにアメリカにおいては，取締役が会社に対して負う受託者
の信認義務（fiduciary duty：日本法でいえば忠実義務・善良なる管
理者の注意義務にあたる）の減免事由としてだけではなく，攻撃的活
用として，訴訟の入口から出口までの諸段階においてBJRを用いる。

⑶　**日本への導入**

　こうしたアメリカにおける広汎なBJRの適用は，日本に裁判規範の
モデルとしてだけではなく，会社法規定のモデルとしても参考にされ
てきた。会社法847条１項ただし書が「責任追及等の訴えが当該株主
若しくは第三者の不正な利益を図り又は当該株式会社に損害を加える
ことを目的とする場合は，この限りでない」として，株主代表訴訟の
提起ができなくなる例外的場合を規定しているのは一つの例といって
よい。

　会社法制定段階ではもっと広く株主共同の利益に反する訴え提起に

つき監査役（会）の判断で訴え却下を申し立てられるとの案が出され検討がなされた経緯がある。BJRの攻撃的活用を想起させる提案であったが，結局，そのままの内容で条文化されることはなく，上記ただし書の内容に落ち着いた。

⑷　日本では訴訟委員会は不在

ちなみに日本の会社法においては，アメリカ型経営監督機構である委員会設置会社（2014（平成26）年会社法改正後は「指名委員会等設置会社」となった）にも置かれるのは，指名，報酬，監査の３委員会のみで，アメリカのリティゲーションコミッティにあたる訴訟委員会は入っていない。

同コミッティがBJR適用にあたって果たすべき役割は，監査等委員会または監査委員会が"代行"するしかないであろう。監査役（会）設置会社であれば監査役（会）がこの役割を担うことになる。

会社法849条３項が，会社による役員側への補助参加につき「監査役」「監査等委員」，または「監査委員」の同意が必要になるとしているのは，こうした事情を示している。

❹　アメリカの裁判例にみるBJRの適用のしかた

⑴　日米の相違点

日本でも判例法として定着した観のある経営判断原則であるが，その参考モデルになってきたのが，アメリカ会社法の下でのビジネス・ジャッジメント・ルール（BJR）である。両原則ともに経営者による経営判断に広く裁量を認める点で共通する。

ただ，経営判断原則とBJRとでは，いくつかの点で大きな違いがあると指摘されている。それはBJRは，**経営判断の手続面のみを審査するが，日本の経営判断原則においては内容面においても審査する**との指摘，あるいは，内容面・手続面の差異ではなく，**日本では経営判断を「注意義務」という物差しで審査するのに対し，米国では「誠実義務」という物差しで審査する**という相違があるとの指摘に代表される。

限られた範囲ではあるが，筆者が日米の関連する裁判例を読み比べ

たところでは，BJRの裁判例が手続面のみを審査し，意思決定が合理的か否かの内容面については踏み込まないかというと必ずしもそうではないようである。

⑵　アメリカの適用例から学ぶべきこと

　本書の目的は，アメリカのBJR適用裁判例の影響を受けつつ判例法として発展してきた経営判断原則の適用を受けられる会社の意思決定はどうあるべきかを，実務上の観点から探るところにある。

　BJRと経営判断原則の間には理論的な相違点があるかもしれない。それでも，会社の意思決定はどうあるべきかに絞るならば，参考にすべき点がいくつもあるので，それを以下にまとめておきたい。

　アメリカ会社法の下では，会社の取締役会が決定した事項でBJRが適用され得る事項について，裁判所は事後的に判断内容の当・不当を審理できないとされる。これをいいかえれば，**BJRは裁判所が取締役会による経営判断を尊重し，これに介入しないこととする原則**である。アメリカでは，株主から会社へのD&Oに対する訴え提起の請求についての取締役会の判断も，この原則の対象に入るとされている。

　取締役会による決定が経営判断の原則によって守られるためには，以下のような要件が充足される必要がある。取締役会が，①利害関係を持たず，②決定を下すにあたり相当の注意を払い，③誠実に会社の利益のためという動機の下に行動し，さらに④その裁量権を逸脱していないことである。

　米国法曹協会『取締役のためのガイダンス』には，「取締役が善意かつその権限内で，合法的に会社目的を推進するために行動し，関係があると合理的に信じた要因は考慮したうえで，誠実な経営判断を行うこと」が必要であるとする。

　経営判断の原則の適用が認められる根拠としては（ⅰ）企業の経営判断が，迅速性・独創性・予見性・果敢性などを必要とする特殊なものであること，（ⅱ）取締役を免責し，人材を確保する必要性，（ⅲ）株主はみずからD&Oを選び，経営を委ねた者として危険引受責任を負うべきであること，（ⅳ）裁判所は"超取締役会"として事後的な

経営判断を下すのに適した機関ではないことなどが挙げられている。

(3)　アメリカの適用例

　アメリカでBJRが適用された初期の裁判例には，日本でも取締役会での審議のあり方を探るうえで参考になるケースが多い。

　たとえば「ピューマ対マリオット事件」(1971年 283A.2d 693) では，株式交換が適正な対価で行われたかどうかが争点になった。取引にあたり交換の対象となるマリオット株式および不動産会社の資産について，外部のアナリスト，不動産鑑定人の専門意見および外部の弁護士の助言が参酌された。それから，取締役会も1回だけではなくて，何回も開かれ協議を尽くしたとみられるとし，これらの事実が決め手になり役員の責任が否定された。

　「タネンバウム対ゼラー事件」(1977年 552 F2d 402) は，委託手数料の取り戻しに関するケースである。取り戻しに関する法的な基準につき，役員は弁護士の正確な助言を受けていた。また，役員は取り戻しの有利な点と不利な点およびそれにかかる経済面からの賛否両論を注意深く比較・検討した。したがって合理的な経営判断であったとした。

　「トレッドウェイ対ケアー事件」(1980年 638 F2d 357) では，専門業者である投資銀行による取引についての専門的な意見が提供されていたことに加えて，より多くの情報を入手し審議を慎重にするため，取締役会会議を1週間延期したことなどを取り上げてBJRを適用している。

❺ 日本における経営判断原則の導入

　日本では，1993 (平成5) 年の商法改正で株主代表訴訟が起こしやすくなったのを機に，会社役員の責任を追及する株主代表訴訟が急増した。これへの対応を模索するなかで，経営判断原則の考え方を導入する裁判例が続々と生まれた。

　その一方で，1997 (平成9) 年9月8日，自由民主党が作成した「コーポレート・ガバナンスに関する商法等改正試案骨子」(平成9年

９月８日）は，株主代表訴訟の見直しにおける「具体的な改正項目」として，役員の会社に対する責任の減免と並んで経営判断の原則の法定化を含んでいた。

会社法に経営判断原則を明文化するのは見送られたものの，アメリカのBJRと同様，経営判断原則は，判例法として取り入れられていった。

❻ 株主代表訴訟に適用された "初の" 裁判例

(1) 野村證券損失補塡事件

経営判断の原則をわが国の株主代表訴訟で初めて適用したとみられるのが，野村證券損失補塡事件の東京地裁判決（東京地判平成５（1993）年９月16日判時1469号25頁）である。

この事件で，原告は訴えの根拠を３つ挙げた。第一が，「法令」違反のなかの注意義務違反で，第二が証券取引法（現金融商品取引法）違反，第三が独占禁止法違反である。

最初の注意義務違反について同判決は，「取締役は会社の経営に関し善良な管理者の注意をもって忠実に任務を果たすべきものであるが，**企業の経営に関する判断は，不確実かつ流動的で複雑多様な諸要素を対象にした専門的，予測的，政策的な判断能力を必要とする総合的判断であるから，その裁量の幅はおのずと広いものとな**」るとした。**取締役の経営判断が結果的に会社に損失をもたらしたとしても，それだけで取締役が必要な注意を怠ったと断定できない**としたのである。

(2) 証券取引法違反への判断

第二の証券取引法違反であるが，この損失補塡が行われた当時の証券取引法には，事後的な損失補塡を禁止する規定はなく，一連の損失補塡事件の後，1991（平成３）年に改正され禁止規定を導入した。

事前に損失補塡を約束して取引を勧誘することは当時でも禁止されていたが，事後的損失補塡を禁止する規定はなかったので，判決は，損失補塡のなされた当時の状況に基づいて判断をした。

その当時にも旧大蔵省の通達は出ていたが，かなり曖昧に損失補塡

はしてはいけないと述べていたにとどまり，逆に当時の証券業界では，通達の主眼は早急に営業特金の解消を求める点にあるとの理解，損失補填をしてでも顧客との関係を良好に維持すべきだという考え方が主流を占め，必ずしも明確に通達が損失補填を禁止していたとは受け止めていなかったとしている。

すなわち，明確な禁止規定がなかったその当時の状況下で，役員がこのように判断したのも無理はなかったとして，客観的・事後的に注意義務違反についての判断をするものではないとしたのである。

アメリカで採られているビジネス・ジャッジメント・ルールの適用要件も，「事後的な判断をすべきではない」とし，会社の目的を「合法的に」推進したのであれば，たとえ事後的に違法と判断されても，責任を生ずることはなく，当該行為は合法的であると信ずることで足りるとの判断基準を採っているから，それに沿っているといえる。

(3) 独占禁止法違反への判断

第三の独占禁止法違反の点につき，判決は損失補填を不公正な取引方法を禁ずる独占禁止法19条違反であるとした。「不公正な取引方法」を明確にするために公正取引委員会が16の行為類型を指定（「一般指定」という）しているが，その第9項に，「不当な利益による顧客誘引」として正常な商慣習に照らして不当な利益をもって競争者の顧客を自己と取引するように誘引することが入っている。

TBS（東京放送）が損失補填先だったわけだが，TBSとの取引を継続するために損失補填という利益を供与して，不当に取引を誘引しようとした点が，19条違反だとした。

この点については，公正取引委員会が排除勧告を出して，違法であると認めていた（1991（平成3）年11月20日）ので，その当時から違法だったことになる。

にもかかわらず判決は，損益相殺的考え方を採用して責任なしとした。これは損失と利益をバランスしてそのうえで損害を考える，損害賠償論に適用される考え方である。ある行為が行われたことによって損害を生じたが利益もあった場合，本件でいえば，損失補填で優良顧

客をつなぎとめ会社に多大の利益を生じさせているから，3億6,000万円の損失補塡による損失はあったけれども，損害賠償の責任を認めることはできないとした。

この理屈でいくと，1,000万円の贈賄行為はあったけれども1億円の利益があった。差し引きプラス9,000万円だから問題ないとなりかねない。そこで，判決は，かっこ書のなかではあるが，明白な公序良俗違反で違法性の強いかたちで法律に違反して損害を与えた場合は，支出そのものが損失・損害になるとはっきり述べた。いずれにせよ判決が，損益相殺的な考え方をここに持ち込んで実質的な損害論を展開しているのは，広い意味での経営判断の原則の適用と考えられる。

(4) 最高裁の判断

本件は上告審まで争われ，最高裁判所は，結論は同じだが，別の理由で役員の責任を否定した（最判平成12（2000）年7月7日民集54巻6号1767頁）。

最高裁は，被告役員らは，当時独占禁止法19条に違反するか否かの問題をまったく意識しておらず，関係当局においても本件損失補塡が同法同条に違反するか否かについて本件損失補塡後1年半余り取り上げられることがなく，公正取引委員会は本件損失補塡後1年半が経った時点においてもなお損失補塡が独占禁止法に違反するとの見解を採っていなかったことを根拠に，その義務違反を否定したのである。

❼ 株主代表訴訟の急増と旧通産省研究会報告にみる経営判断の慎重化

1993（平成5）年の商法改正後，急増する株主代表訴訟に備えるために，会社において経営判断のプロセスを重視するようになったことが，当時の通産省の「企業法制に関する研究会」報告書に示されている。

その当時は経営判断原則そのものが，日本ではまだ判例法として定着していなかったが，同原則の適用要件を意識し，先取りしたような内容になっている。そこで，筆者において要約のうえ，以下に紹介する。

株主代表訴訟に関する法改正が
企業経営に与えた影響等

1．経営判断に至る過程やこれに係る手続等の変化

　平成5年10月施行の商法改正により株主代表訴訟の合理化が図られたこと等を踏まえて，以下のとおり，取締役会や常務会等の議論の活性化，法務担当部門の法的チェックの詳細化等の変化が指摘されており，先の商法改正が企業経営の健全性確保に一定程度積極的な影響を与えていることが窺える。

　特に，その傾向は，金融機関（銀行，証券会社）に顕著に見られ，不良債権問題を抱えている銀行や損失補填問題が取り上げられた証券会社において，商法改正のインパクトが大きく，企業経営の健全性確保に積極的な影響を与えていることが窺われる。

(1)　取締役会の変化

　商法改正後，報告の詳細化や説明資料等の増加，議論の活発化等により，取締役会の審議等の充実が図られているとの指摘がある。

　また，判断過程の記録化については，説明資料等の保存の徹底を図っているとの指摘がある。

　さらに，取締役会議事録については，株主の閲覧・謄写権（商法260条の4第4項）等に考慮して，記載に一層の注意を払っているとの指摘や，極力，判断に至った理由を載せることとしているとの指摘がある。

　〈中略〉

(2)　常務会・経営会議等の変化

　常務会や経営会議では，従来から，活発な議論がなされる等経営判断が実質的に行われていたとの指摘もあるが，商法改正後，報告の詳細化，議論の活発化，説明資料等の増加等により，審議等の充実が図られているとの指摘もある。

　また，判断過程の記録化については，説明資料等の保存の徹底や議事録を作成するようになったとの指摘がある。

　〈中略〉

(3)　法務担当部門の取締役会等への関与の変化

　商法改正後，取締役会や経営会議の議案の法的側面のチェック等のために法務部を新たに設置したとの指摘や，経営会議の担当を総務部門から法務部門に移管したとの指摘，法務担当部門による経営会議や取締役会付議事項についての法的チェックをより詳細に行うようになったとの指摘等がある。

アンケート結果によると，商法改正後，法務担当部門の取締役会等への関与に変化があったとする企業の割合は，全体では4割弱であり，特に金融機関では約7割と高い割合を示しており，変化の具体的な内容としては，「経営会議や取締役会付議事項について，法的チェックをより詳細に行うようになった。」(68.4%)等が挙げられる。

(4) 顧問弁護士の活用の変化

　商法改正後，顧問弁護士へ相談する案件や意見書の作成を求める案件が著しく増加したとの指摘があるが，他方，顧問弁護士の活用はそれほど増加していないとの指摘もある。

　なお，顧問弁護士を活用する場合には，将来の株主代表訴訟に備えるため，口頭による意見を求めるのではなく，意見書の作成を求めることが望ましいという意見もある。

(5) 監査役の取締役会等への関与の変化

　商法改正後，監査役が，経営会議に出席し，法的疑問点について，法務部へ照会する等，監査役の法的側面への関心が強まっているとの指摘や，監査役が取締役会やそれ以外の場でも従来より質問をし，意見を述べるようになったとの指摘，監査役が取締役会付議事項等の法的チェックを従来より行うようになったとの指摘，監査役が情報収集に努め，業務監査の充実を図るようになったとの指摘等，監査役の適法性監査の充実が図られている旨の指摘がある。

　〈中略〉

２．経営判断に要する時間やコストの変化

(1) 商法改正後，株主代表訴訟を意識して，経営判断の資料を揃えたり，弁護士の意見書を取る等，手間と費用がかかっており，また，多面的な検討を心がけているため判断までに時間がかかるようになったとの指摘がある。

　〈中略〉

３．経営判断に至る過程等の変化への評価

(1) 経営判断に至る過程等の変化について，コスト増等のデメリットもあるが，取締役会や常務会等での報告の詳細化や議論の活発化，法務担当部門による法的チェックの詳細化等は，総合的に評価すると，企業経営の健全化の確保に役立っており，望ましいとの指摘がある。

　アンケート結果によると，商法改正後の経営判断の過程等の変化について，経営判断の健全性の確保の観点からメリットの方が大きく望ましいとする企業

が７割弱と高い割合を示しており，株主代表訴訟に関する商法改正が企業経営の健全性確保に役立っていることが窺える。

(2) なお，株主代表訴訟を意識して必要以上に経営判断に要する時間やコストが増加しているとの指摘もある。

〈中略〉

4．取締役の経営判断の変化

(1) 経営判断の慎重化

① 商法改正後，株主代表訴訟を意識する等により，経営判断に当たり，諸要素を比較考量し，多面的な検討を従来以上に行うようになっており，取締役の経営判断が慎重化しているとの指摘がある。そして，これは，特に，新規事業の展開や合弁事業，子会社や関連会社支援等リスクの高い分野で認められるとの指摘がある。

この経営判断の慎重化の評価については，従来から判断は適正に行っており判断の適正化とは関係がないとの指摘もあるが，他方，諸要素を比較考量し，多面的な検討を行うことは判断の適正化と評価できるとの指摘が多い。

〈中略〉

② 取締役の経営判断の慎重化の評価については，判断の適正化と位置付けることができるとする企業が全体で９割弱と高い割合を示しているが，金融機関では，評価が分かれている。

(2) 経営判断の過度の慎重化（経営判断の萎縮）の懸念

① 商法改正後，株主代表訴訟に対する意識や取締役の責任範囲が不明確なこと等により，取締役の経営判断が過度に慎重化し，萎縮しているという懸念も指摘されている。特に金融機関においては，不良債権問題を抱えていることもあり，業績悪化先や住宅金融専門会社・ノンバンク支援の問題に関し，判断が過度に慎重化している面も見受けられるとの指摘もある。

② アンケート結果によると，そのような懸念を指摘する企業は，多くはないものの約１割あり，その具体的分野としては，「子会社や関連会社支援」（66.7％），「新規事業の展開」（33.3％），「業績悪化先支援」（33.3％）等が挙げられる。

③ 株主代表訴訟を意識する等により，取締役の経営判断が過度に慎重化し，萎縮する結果，我が国企業の国際競争力や活力の維持に悪影響が及ばないか懸念されるところである。

現在のところ，懸念が一般的に顕在化しているとはいえないようであるが，

今後の動向に注意する必要があり，このような懸念を払拭するためには，取締役の責任範囲の明確化や取締役の責任の免除・制限制度の整備，株主代表訴訟の濫用的ないし不適切な権利行使に対する対応策の整備等が望まれる。また，特に金融機関においては，不良債権問題を早期に処理することが望まれる。

　本報告書がいみじくもリスクの高い分野として挙げている「新規事業の展開」，「合弁事業」，「子会社や関連会社支援等」は，国際合弁や海外進出といったテーマを加えつつ，グローバル化した昨今においてもほぼそのまま当てはまる。

　また，本報告書の最後の項では，「経営判断の萎縮」の悪影響を軽減するための方策を論じている。この点，2014年12月12日に公表されたCGコード案・原則4−2が「取締役会は，経営陣幹部による適切なリスクテイクを支える環境整備を行うことを主要な役割・責務の一つと捉え，……経営陣幹部の迅速・果断な意思決定を支援すべきである。」としたのは，ガバナンスの向上による新たな方策を指向するものと読める。

　なお，CGコード案・基本原則4の「考え方」には，経営判断原則を意識したとみられる以下の記述が入っていた。

　また，本コード（原案）を策定する大きな目的の一つは，上場会社による透明・公正かつ迅速・果断な意思決定を促すことにあるが，上場会社の意思決定のうちには，外部環境の変化その他の事情により，結果として会社に損害を生じさせることとなるものが無いとは言い切れない。その場合，経営陣・取締役が損害賠償責任を負うか否かの判断に際しては，一般的に，その意思決定の時点における意思決定過程の合理性が重要な考慮要素の一つとなるものと考えられるが，本コード（原案）には，ここでいう意思決定過程の合理性を担保することに寄与すると考えられる内容が含まれており，本コード（原案）は，上場会社の透明・公正かつ迅速・果断な意思決定を促す効果を持つこととなるものと期待している。

「経営判断の萎縮」を招くことなく，「迅速・果断な意思決定」を行うために最も求められるのが，「意思決定過程の合理性」である。

　このプロセス重視の意思決定次第で，会社に対する取締役の賠償責任を論ずるのは，取締役と会社の利益が相反する場合などに広く当てはめるべき重要な考え方である。

　なお，前頁に引用したCGコード案中の記述は，2018年改訂後のCGコードにもそのままの内容で入っている（210頁参照）。

2 ビジネス・ジャッジメント・ルールと経営判断原則の適用要件

❶ アメリカにおけるBJRの場合

⑴ BJRの適用要件

BJRがアメリカ各州の会社法において明文化されているわけではない。判例法で示されたところをまとめるならば次のようになる。

すなわち，BJRは，**取締役が下した決定に合理的な根拠があり，会社の最善の利益に合致すると誠実に信じて判断を下したのであれば裁判官は自己の判断で取締役の判断に代えようとはしないとの考え方で**ある。

アメリカにはBJRについての明文規定はないといったが，ALI（アメリカ法律協会）のコーポレートガバナンス原則（Principles of Corporate Governance）は，取締役または執行役員が誠実に経営判断を下し，対象事項に利害関係を持たず，その状況の下で適切であると合理的に信じるだけの知識を有して下した判断が会社の最善の利益に合致すると相当に信じたときは，義務を果たしたものとする，としてBJRを説明した。

こうしたいわば定義的説明から，BJRの適用要件を抜き出すならば以下のようになる。

①取締役（会）が利害関係を持たず，②決定を下すにあたり相当の注意を払い，③誠実に会社の利益のために行動し，かつ④その裁量権を逸脱していないことである。

⑵ BJRの適用を必要とする事情

BJRはアメリカで100年以上前からの判例法理によって発展をみたが，その役割が注目されたのは，D&O訴訟ラッシュが起こるようになってからである。そうしたなかでBJRの適用をとくに必要とするに

至った背景事情は以下にあった。

> （i） 企業の経営判断は，迅速性・独創性・予見性・果敢性などを要求
> する特殊なものであること
> （ii） 取締役を免責することで人材を確保しなくてはならないこと
> （iii） 株主はみずから取締役を選び経営を委ねた者として危険引受責任
> を負うべきこと
> （iv） 裁判所はいわば超取締役会として事後的な経営判断を下すのに適
> した機関ではないこと

❷ 日本における経営判断原則の場合

(1) 経営判断原則の適用要件

　日本でも経営判断原則は，判例法理として定着をみた。これまでの
裁判例をまとめるならば，経営判断原則は，**意思決定の中身と過程が
適正であれば，同判断の結果会社に損害が生じたとしてもこれに対す
る取締役の責任は問わないとする考え方である。**

　すなわち，経営判断原則は，取締役の業務執行（経営判断）におい
て善管注意義務が尽くされたか否かの判断を，①行為当時の状況に照
らし，合理的な情報収集・調査・検討等が行われたか，および②その
状況と取締役に要求される能力水準に照らし，不合理な判断がなされ
なかったかを基準に行うべきとする考え方といってよい。

　このうち，①は「合理性を欠くか」が基準となっているため，取締
役の裁量は限定的なものであるのに対し，②は「不合理か否か」が基
準となっており，取締役の裁量は広汎なものとなる。ただ，近時は裁
判例が分野ごとに経営裁量に差を設け，具体的に適用要件を論ずるよ
うになっている。ここでは最大公約数的な一般的適用要件を説明し，
分野ごとの要件分析は後述する。

　①，②の要件をさらに細分化するならば，以下のようになる。

> - 判断の目的に社会的非難可能性がないこと
> - 前提としての事実調査に遺漏がないこと
> - 事実の認識に重要かつ不注意な誤りがないこと
> - 事実に基づく行為の選択決定に不合理がないこと
> - その行為をすることが著しく不当とはいえないこと

　関連して補うならば，**法令を守らないことについて取締役の裁量は認められず，経営判断原則の適用はあり得ない。**

(2)　**経営判断原則の適用を必要とする事情**

　日本で経営判断の原則を必要とする理由として一般に挙げられているのは，①経営判断を経営の専門家ではない裁判官が事後的に判定するのは適切とはいえないこと，および②取締役の責任を厳しくしすぎると経営者がリスクを避けるようになり経営判断に萎縮効果が生まれてしまうこと，③取締役の責任追及が株主代表訴訟制度などの下で容易になると取締役就任に尻込みする人が増えることなどである。

　このうち①と③は，アメリカでも挙げられている理由であるが，②は日本に特徴的な問題提起のようにも思える。株主代表訴訟制度が法改正によって"強化"された際の［旧］通産省・研究会報告にも「経営判断の過度の慎重化（経営判断の萎縮）の懸念」（23頁参照）が述べられていた。

　③に関し，このままではやがて訴訟を恐れて取締役になる人がいなくなってしまうので，何らかの"救済策"を打たなければとの政策的理由につながるのがアメリカのBJRである。"救済策"には，D&O保険の活用容易化，定款による対会社賠償責任の減免措置などが含まれていた。

　実体的内容面でのBJRによる責任免除が大きな救済効果を生んだであろうことは容易にうかがえる。

⑶　2019年（令和元）会社法改正法における取締役の"救済策"

　2019年12月4日に国会で可決，成立した改正会社法は，2014年改正の流れを受け企業統治改革を主な改正目的とする。改正内容は，「株主総会に関する規律の見直し」，「取締役会等に関する規律の見直し」，「その他」に大きく分かれる。

　取締役に関連した改正はさらに，「取締役等への適切なインセンティブの付与」と「社外取締役の活用等」に分かれ，後者は，「取締役の報酬等」に関する規定とともに，アメリカの州会社法に入っている取締役の"救済策"的な，以下の規定を含んでいる。

① 　補償契約に関する規定…役員等が職務の執行に関し責任の追及に係る請求を受けたことなどにより要する費用などの全部または一部を株式会社が補償すること（会社補償）をできるようにするための手続や補償の範囲などに関する規定を設ける。

② 　保険契約に関する規定…役員のために会社が，Ｄ＆Ｏ保険を含む保険契約を締結できるようにする手続に関する規定を設け，役員のために会社がＤ＆Ｏ保険などのための保険契約を締結できるようにする。

⑷　取締役"救済策"と経営判断原則の関係

　2019年12月成立の会社法改正で定められた「補償契約」や「Ｄ＆Ｏ契約」に関する規定と経営判断原則との関係を，ここで明らかにしておこう。

　これらは，いずれも取締役をいわば救済する意味をもつ。ただ，経営判断原則については，会社法の根拠規定はない。同原則の適用にあたっては利益相反の問題が生じないからであるが，その点を含め，取締役の責任追及の"流れ"に沿って説明する。

　たとえば，取締役が第三者から，職務の執行に関し法令違反を疑われ，あるいは責任追及に係る請求を受けたとする。その取締役に過失がない限り，委任に関する民法などの規定（民法650条，会社法330条）に従い，弁護士に支払った相談料などの防御費用分を補塡的に会社から支払ってもらえる。

これが「会社補償」であるが，取締役の行為によって損害を被るかもしれない場合，会社は，被害者的立場で，加害者の「防御費用」を支払ってやる結果となり，利益相反的状況が生じてしまう。今回の改正で導入される手続的規定は，この不都合を回避する利益相反管理を目的とするといってよい。

　責任追及の賠償請求が訴訟になったとする。職務執行上の法令違反はなく，経営判断上のミスがあっただけとなれば，裁判所が経営判断原則を適用して請求は棄却されるかもしれない。

　本書は，その経営判断原則が適用される要件などを具体例を通じて検討することを主目的とするが，裁判所が判断を下す際に経営判断原則を使うかが問われるだけであって，ここに会社との間で利益相反関係が生じるわけではない。

　経営判断原則が適用されず，取締役による会社に対する損害賠償責任が判決で認められ確定したとする。この段階になると，いわゆるD＆O保険（会社役員賠償責任保険）の保険金で賠償金をまかなってもらえるかが問題になる。

　D＆O保険は，会社が保険契約者となる。そこで，いわば被害者の立場の会社が，加害者となる取締役が会社に対して負うべき損害賠償金を代わって保険金から支払うための保険料を支払う，利益相反的状況が生じる。

　日本では，上場会社を中心にすでにD＆O保険がかなり広く普及している。半面，現行の会社法には，株式会社のD＆O保険に係る契約締結を認める規定はなく，まして同契約締結のためにどのような手続が必要となるかについての解釈は定まっていなかった。

　上場企業から社外取締役になるよう頼まれたら，まずは会社がD＆O保険に入っているかどうかをたしかめるべきであると，日本でもいわれるようになった。社外取締役が損害賠償責任を追及されるリスクを過度に恐れ萎縮することなく職務を執行するためには，D＆O保険の果たす役割がいかに大きいかをものがたっている。

　「会社補償」と「D＆O保険」には，こうした利益相反の問題が

あってこれを管理するため，一部については株主総会の決議を要する
などの手続規定を設けることにしたのである。

第2章

会社の意思決定と
経営判断原則

1 株式会社の意思決定は どう行われるべきか

❶ 意思決定レベル

⑴ 法定されている事項

　経営判断原則の適用を受けるには，意思決定プロセスを充実させることが必要である。ただ，**株式会社における意思決定は，事項によりいずれの機関が決定をすべきかが法定されている**。

　この点で法律の適用を誤ると，経営判断原則の適用可能性が消える。たとえば，株主総会の特別決議が必要な有利発行による第三者割当増資を取締役会決議のみで行ったとする。この取締役会の審議がどんなに活発かつ慎重であったとしても，意思決定機関の選択において法令違反があったため，経営判断原則の適用要件をいわば入口部分で満たさないからである（会社法199条3項）。

　裁判例のいくつかは，**本原則の適用は意思決定手続に法的瑕疵がないことを前提としている**。その意味で株式会社における意思決定レベルを規律する法令内容を概観しておく。

　株式会社は，営利を目的とする社団法人の一種であり，株主みずからは経営に参加しない物的会社の典型である。

　株式会社には，最高の意思決定機関である**株主総会**が必ず置かれる。株主総会の権限は，取締役会設置会社の場合，会社法と定款で定めた事項に限られる。取締役会を設置しない場合は制約がなく株式会社に関する一切の事項について決議ができる。

　取締役会がある場合には，業務執行は原則として取締役会の決定に委ねられるから，株主総会は，組織の基礎的変更（定款変更，合併など），株主の重要な利益に関する事項（剰余金の処分など），および取締役による専横の危険のある事項（取締役の報酬の決定，事後設立な

ど）を決議する。

これらは，会社，株主にとって最重要の専決事項なので，取締役会や株主総会以外の機関が決定できる旨を定款で定めても無効となる。

取締役会設置会社の場合，業務執行に関しては原則として取締役会の決定に委ねられるが，取締役会が設置されていない会社においては株主総会の決議事項とされる事項であっても，取締役会の決議事項にとどまるものがある。代表的なのが取締役の自己取引についての承認決議である（会社法356条1項）。

会社と取締役との利益相反的状況において，経営判断原則適用上，意思決定の内容，過程が最も厳しく問われることを考えればこの点はきわめて重要であり，取締役会の充実が求められる理由はここにある。

(2)　**意思決定のレベルと経営判断原則**

株式会社の意思決定レベルを図示すると次のようになる。

株式会社の意思決定レベル

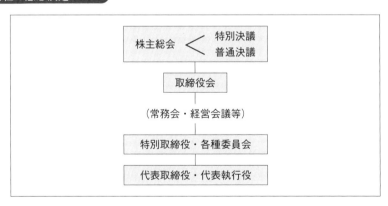

以下においては取締役会設置会社を念頭に置いて論を進めるが，経営判断原則の適用可能性を上記意思決定レベルの段階図で考えてみる。

一般的にいって**経営判断原則が適用されやすいのは，ダイバーシティのあるさまざまな立場の人が衆議を尽くしたような場合**である。多くの株主が集まり討議し株主総会で承認決議をする場合がこれにあ

たるが，取締役会設置会社の株主総会が経営判断を内容とする決定をすることはほとんどない。

　ただ，定款の規定次第では，会社法の定める決議事項ではないのに，株主総会に諮り，株主の承認を求めることはあり得る。

　買収防衛策の発動にあえて株主総会の“お墨付き”を求めたブルドックソース社のケースはこの例である。

　最高裁判所は，同社の新株予約権無償割当差止め仮処分申立事件に係る平成19（2007）年8月7日決定で，「特定の株主による経営支配権の取得に伴い，……会社の企業価値が毀損され，会社の利益ひいては株主の共同の利益が害されることになるか否かについては，最終的には，会社の利益の帰属主体である株主自身により判断されるべきものであるところ，株主総会の手続が適正を欠くものであったとか，判断の前提とされた事実が実際には存在しなかったり，虚偽であったなど，**判断の正当性を失わせるような重大な瑕疵が存在しない限り，当該判断が尊重されるべきである**」とした。

　本件議案は，議決権総数の約83.4％（議決権の88.7％）の賛成があった。株主総会の決議に経営判断原則を適用したわけではないが，大多数の株主による判断を尊重すべきとする最高裁決定の理由部分を読むと同原則の適用要件と重なる点が多いことに気づく。

　買収防衛策の発動は，自己保身，すなわち，“自分の城を明け渡したくない”ために行う，取締役の利益相反行為を疑われやすい。そこで，**最高意思決定機関である株主総会での承認を求めるように判断したこと自体，取締役としての注意義務を果たす妥当な判断であった**といえよう。

　なお，前頁の図でいえば上にいくほど重要な意思決定レベルであるから，上のレベルで意思決定がなされるべきところを下のレベルの機関で決定することは原則としてできない。逆に，法令上は取締役会の決定でよいにもかかわらず株主総会の決議をあえて求める，本件ブルドックソース社のようなやり方は原則として許される。この場合，より慎重な意思決定手続が選ばれたとみられるからである。

❷ 取締役会以外の機関による意思決定と経営判断原則

　経営判断原則適用の対象になり得る会社の代表的意思決定機関は取締役会である。その場でどういった審議がなされ意見が出たかどうかが，あとあと経営判断原則適用に大きな影響を与える。取締役会の運営を，本原則適用を意識しながらどう変えたらよいかは大きな課題なので第3章（100頁以下）において詳しく取り上げることにする。

　ここでの問題は，取締役会以外の会社機関による決定と経営判断原則適用可能性である。一つは各種委員会・特別取締役による場合であり，他の一つは，代表取締役・代表執行役による場合である。

(1)　各種委員会・特別取締役による意思決定の場合

　35頁の図で「各種委員会」としては，指名委員会等設置会社における指名，報酬，監査の3委員会が想定できる。これら各委員会は，3人以上で組織され，そのうち過半数は社外取締役でなくてはならない。各委員会の職務内容は法定されており，指名委員会は，株主総会に提出する取締役・会計参与の選解任に関する議案内容を決定する（会社法404条1項）。監査委員会は，執行役等の職務執行の監査と監査報告の作成および株主総会に提出する会計監査人の選解任に関する議案内容を決定する（同条2項）。報酬委員会は，執行役等の個人別の報酬

指名委員会等設置会社の機関構成

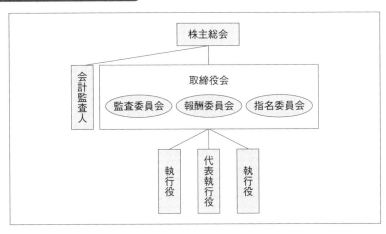

等の内容を決定する（同条3項）。

　3委員会における法定の決定事項は，監査役（会）設置会社では取締役会があればそこで決定されるべき事項である。経営判断原則の対象になるような決定内容が含まれるとは限らないが，判断の妥当性が問われる場面で，過半数の社外取締役が決定に加わっているのは，いわば強みである。**社外役員の意見によく耳を傾け慎重に意思決定を行うことが経営判断原則を適用させるうえでは最も重要な点**である。

　特別取締役は，委員会設置会社以外の取締役会設置会社にあって取締役会に代わり一定の決議をすることができる。

　すなわち，このタイプの会社は，取締役の数が6人以上であって，かつ，1人以上の社外取締役のいる場合，取締役会決議によって3人以上の取締役を特別取締役として選任でき，特別取締役のうち議決に加わることのできる者の過半数が出席し，その過半数をもって重要な財産の処分・譲受けおよび多額の借財について決議できる旨を定めることができる（会社法373条1項）。

　特別取締役制度は，会社法制定前の商法当時，大会社・みなし大会社に認められた重要財産委員会制度が姿を変えたものである。制度の趣旨は，**取締役の数が多く機動的に取締役会を開催するのが困難な会社で，社外取締役がいて取締役会による監督を期待し得るのであれば，例外的に特別取締役による決議で取締役会の決議に代替させてもよい**だろうとする点にある。

　機動的な意思決定を重んじるため特別取締役はすべて社内の取締役3人で占められることが多く，決定内容は資産譲渡の条件面など経営判断的要素が多くなる。特別取締役の会議に監査役は出席義務を負うが，監査役が2人以上いる場合は互選により出席する監査役を定めることができるとされている（会社法383条1項）ので，これも社内監査役が出席することに定められることが多い。特別取締役以外の取締役には出席義務はない（同法373条2項）。

　経営判断原則適用についていうと，**社外役員が1人も出席しない場でなされる決定には適用されにくい**。そこで，あとあと取締役の責任

が追及されかねない特別重要案件については，もともと出席義務を負っている社外監査役のうちの1人にでも出席してもらい，審議を尽くしたかたちを残しておくのが得策であろう。

　なお，特別取締役による決議については，書面による決議の規定（会社法319条1項）は適用されない。

(2)　**重要な常務会・経営会議等による意思決定**

　経営判断原則の適用を考える上で最も難しいのは，この常務会や経営会議などにおける意思決定についてである。35頁の株式会社の意思決定レベルの図をみていただくと，常務会・経営会議等が（　）に入っている。

　これは**常務会や経営会議が会社法の認める正式な意思決定機関ではないからである。**法定の正式な機関ではないために名称はさまざまで，専務会や執行役員会と呼ぶ会社もある。

　非公式で多様な呼び方をされるが，**これらの会議体に共通するのは，どの会社においても最も本音をぶつけ合う充実した議論の行われる場だという点**である。従来，日本の大企業における取締役会は，比べるならばほとんど形式的で中身のない儀式のようなものだった。

　経営判断原則が適用され得る会社の意思決定をするには，なんといっても取締役会を充実させることである。ただ，現実はというと，充実した議論が行われるのはほとんど経営会議の場だけであるといった会社が多い。

　問題は，常務会や経営会議における真剣な議論が経営判断原則の適用上有利に考慮され得るかである。この問いに対する答えはイエスである。立法担当者も裁判所も会社の意思決定が事実上は常務会や経営会議他で行われていることを知っている。

　会社法制定の際，特別取締役制度が重要財産委員会制度から姿を変えて導入された。経営委員会のようなもっと広く経営判断を対象にした委員会を正式に"認知"すべしとする意見も出たが，結局は見送られ実現しなかった。1993（平成5）年の商法改正時に公表された［旧］通産省の研究会報告書（21頁以下）においても，同改正後「常務会・

経営会議等」で「経営判断に至る過程やこれに係る手続等の変化」が
みられると指摘していた。

　経営判断原則を適用した裁判例においてこれらの会議体での議論を
評価した例がある。

　1つは，野村證券損失補塡事件株主代表訴訟における東京地方裁判
所判決（平成5（1993）年9月16日）である。この判決については，
株主代表訴訟で被告・役員側の責任を否定する根拠として経営判断原
則によったとみられる初の裁判例としてすでに紹介した（18頁以下）。

　本判決はとりわけ，当時，被告らが野村證券の専務会において，
［旧］大蔵省証券局長通達をふまえ話し合った結果，同通達の主眼は
早急に営業特金の解消を求める点にあると理解し，株式市況が急落す
る状況下で顧客との関係を良好に維持しつつ営業特金の解消を進めて
いくためには損失補塡もやむをえないと考えるに至ったことなどを詳
細に認定した。

　**経営判断原則は，判断の結果よりもそこに至るまでの過程を重視す
るので，取締役会以外の会議体の場であっても，どのような資料に基
づいていかなる内容の討議・検討が実質的になされたかを重視したも
の**と思われる。

　もう1つの裁判例がアパマンショップ・ホールディングス株主代表
訴訟最高裁判所判決（平成22（2010）年7月15日）である。本件では
同社グループに属する子会社（A）を別の完全子会社（B）に合併す
るために，A社株式の買取りが行われたが，買取価格が不当であると
して株主が代表取締役らの責任を追及する訴訟を提起した。

　判決は，グループの事業再編計画の策定は，基本的に経営上の専門
的判断に委ねられているとしたうえで，買取価格を1株当たり5万円
と決定するに至る過程においては，同ホールディングスおよび「その
傘下のグループ企業各社の全般的な経営方針等を協議する機関である
経営会議において検討され，弁護士の意見も聴取されるなどの手続が
履践されているのであって，その決定過程にも，何ら不合理な点は見
当たらない。」として，経営判断原則を適用して，代表取締役らの責

任を否定した（57頁以下参照）。

(3) 代表取締役・代表執行役による意思決定

株式会社にあっては，重要な事項についての決定権限は，株主総会以下，取締役会，各種委員会などに段階的に委ねられていく（35頁図参照）。

日常的な業務執行上の事項の決定については，代表取締役・代表執行役に委ねられるわけだが，その判断の結果会社に損害が生じた場合にも経営判断原則の適用の余地はあるだろうか。

経営判断原則は，決定に至った過程を重視するのでこれら**代表者の決定した事項が取締役会の専決事項であったなどの法令違反がないことを前提に適用の余地はある**といってよい。

ただ，本原則は，意思決定プロセスにおいて社外の専門家などの意見を聞いたかなどを重視するので，これを聞くことのないたとえば**ワンマン経営者の独断専行ではどうしても適用上不利になる**。

会社によっては，常務会や経営会議が代表者の諮問機関として位置づけられていることも多いので，こうした機関に諮問をし，十分に意見交換をすることにより注意義務を果たしていれば，その結果経営判断原則の適用を受けることに結びつくであろう。

(4) 株主総会の決議で代表取締役を定められるとする定款規定を有効とした最高裁決定

非公開会社でかつ取締役会設置会社のY₁社の定款には，「代表取締役は取締役会の決議によって定めるものとするが，必要に応じ株主総会の決議によって定めることができる」と定めていた。平成27（2015）年9月会社株主総会において，Y₂を取締役に選任する旨の決議，およびY₂を代表取締役に選定する旨の決議がなされた。Y₁社の代表取締役であったXは，これらの決議が無効などと主張し，Yらに対し，Y₂の取締役兼代表取締役の職務執行停止および職務代行者選任の仮処分命令の申立てをした。

本最高裁決定（平成29（2017）年2月21日判時2333号122頁）は，大略，次のように判示した。

> 　取締役会を置くことを当然に義務づけられているものではない非公開会社（会社法327条1項1号参照）が，その判断に基づき取締役会を置いた場合，株主総会は，会社法に規定する事項および定款で定めた事項に限り決議をすることができることとなるが（同法295条2項），会社法において，この定款で定める事項の内容を制限する明文の規定はないこと，および会社法は取締役会をもって代表取締役の職務執行を監督する機関と位置づけていると解されるが，取締役会設置会社である非公開会社において，取締役会の決議によるほか株主総会の決議によっても代表取締役を定めることができることとしても，代表取締役の選定および解職に関する取締役会の権限（同法362条2項3号）が否定されるものではなく，取締役会の監督権限の実効性を失わせるとはいえないことから，取締役会設置会社である非公開会社における，取締役会の決議によるほか株主総会の決議によっても代表取締役を定められる旨の定款の定めは有効である。

　本決定は，非公開会社の定款に関するものである。そのため，公開会社についても本件のような定款の定めが有効となるか，株主総会のみに選定権限を与える定款の規定は有効かなど，本決定の"射程範囲"をどう捉えたらよいかについて見解が分かれている。

　株主総会は，株式会社における最高の意思決定機関であり，本決定の示す2つの理由は公開会社にも当てはまるとみれば，前者の問題を肯定することになるだろう。

　ただ，後者については，本決定が取締役会の監督権限を重視しているとみて否定することも考えられる。

2 企業防衛・買収防衛と経営判断原則

❶ 企業防衛と買収防衛の違い

　　株主から会社の経営を委ねられた取締役など経営陣は，株主権を濫用して会社から不当な利益を得ようとする会社荒しなどから会社の資産を守らなければならない。いわゆる総会屋は会社荒しの代表例であるが，ほかに反社会的勢力の「圧力」を背景に債務の肩代わりを要求する者なども含む。企業防衛は，こうした違法ないしは違法すれすれの行為に対して行われるものである。

　　一方，敵対的買収者から経営支配権を守る「買収防衛」は区別されなくてはならない。なぜなら敵対的買収者は一般に反社会的勢力とはいえず，現経営陣がいわば敵視しているだけで，**多くの株主が敵対的買収者に経営権が移ったほうが企業価値向上のためにはプラスと考え支持する場合もあるからである。**

　　買収防衛策の策定・発動には，もともと経営陣と株主の利益相反の要素が潜んでいる。

　　そのため，会社がその「財務及び事業の方針の決定を支配する者の在り方に関する基本方針」を定めたときは，事業報告中に「基本方針の実現に資する特別な取組み」や「基本方針に照らして不適切な者によって当該株式会社の財務及び事業の方針の決定が支配されることを防止するための取組み」の具体的な内容およびそうした取組みが「株主の共同の利益を損なうものではないこと」および「会社役員の地位の維持を目的とするものではないこと」に合致することについて取締役会の判断と理由を書かなくてはならない（会社法施行規則118条3号）。

　　そのうえで，監査役（会）は，こうした事業報告の内容となってい

る事項について監査報告（書）中に意見を述べなければならないのは，買収防衛策の持つ利益相反性からくるといってよい。

このように**利益相反の要素を含んだ事項については，意思決定プロセスをとくに慎重にする必要がある**。経営判断原則の適用上，決め手になるのは独立した社外役員の取締役会における意見，質問である。なぜならば独立役員は，会社との利害関係から，まさに「独立」した存在だからである。

買収防衛策の導入と発動の意思決定は，いってみれば"城を明け渡したくない"とする現経営陣の自己保身が疑われかねないために，利益相反管理を適切に行わなければならない。

36頁で取り上げたブルドックソース事件は，株主総会における株主の判断に委ねることにしたケースである。通常は，取締役会で発動を決議することになると思われるが，コーポレートガバナンス・コード原則１−５は，この点，次のように述べている。

> 買収防衛の効果をもたらすことを企図してとられる方策は，経営陣・取締役会の保身を目的とするものであってはならない。その導入・運用については，取締役会・監査役は，株主に対する受託者責任を全うする観点から，その必要性・合理性をしっかりと検討し，適正な手続を確保するとともに，株主に十分な説明を行うべきである。

❷ 三井鉱山株主代表訴訟事件

三井鉱山は，1975年頃三井セメントを吸収合併する計画を推し進めていたが，当時，三井鉱山株を買い占め，発行済株式総数の25.8%を取得したT氏がこの合併計画に反対の意思を表明した。三井鉱山はT氏の協力がなければ合併計画の実現は困難とみてT氏と交渉の末，常務会において100%子会社である三井三池開発に，市場価格を大きく上回る価格でT氏の株式を買い取らせることにした。

1976年５月，三井鉱山と三井セメントは合併したが，1978年に三井鉱山の株式1,000株を取得して株主になった者が，本件株式買取りお

よびその後の行為で会社に与えた損失のうちの1億円を会社に賠償することを求め，当時の取締役19名を被告とする株主代表訴訟を起こした。

なぜ対象を1億円に限る一部請求にしたかといえば，当時，株主代表訴訟も通常の訴訟と同様に，訴額にスライドして印紙税を納めなくてはならなかったからである。

裁判において被告は次の2点を主張した。

第一は，原告は元総会屋であり，訴え提起のねらいは売名にあるので株主権の濫用であるとの主張である。

第二は，会社が子会社によって株式を取得させたのは，グループ他社との合併と株主安定比率の向上などの目的を達成するためにやむをえないものであり，取得後は遅滞なく転売する暫定的取得にすぎず，自己株式の取得と同視される違法なものではないとの主張である。

これらの主張は，現行会社法の下ではいずれも認められる可能性がある。

第一の点については，会社法制定時，株主代表訴訟は，「責任追及等の訴え」（同法847条以下）として整理され，同法847条1項ただし書として，「ただし，責任追及等の訴えが当該株主若しくは第三者の不正な利益を図り又は当該株式会社に損害を加えることを目的とする場合は，この限りでない。」と明記された。

第二の点については，本件当時と比べると，会社法においても自己株式取得の原則禁止は維持されたが，例外的に取得が許される場合が企業結合場面を中心に明記された。株主との合意による自己株式の取得については，商法時代と比べかなり規制が緩和された。この点につき合法的となれば経営判断原則の適用があり得るところである。

第1審の東京地方裁判所（昭和61（1986）年5月29日判決）は，悪意によって会社の株式を買い占めようとする者に対抗するための自己株式取得は，許容される余地がないわけではないが，自己株式取得禁止の制度趣旨である資本維持の原則に反するのでやはり認められないとした。本件当時，子会社による親会社株式取得を禁じる明文規定は

なく，自己株式取得禁止の原則規定（[旧] 商法210条）の解釈上，禁止されるとみられていた。

なお，同判決は第一の被告主張について，訴え提起の目的が売名にあることを疑わせる一応の理由があるといえなくはないとしながらも「なおこれを確信するまでには至らず……」として退けた。

以上の第1審判決の結論は，上告審の最高裁判所の判決においても維持された（最判（一小）平成5（1993）年9月9日）。

経営判断原則は，問題が起こされた時点での法制度に基づいて適用が決まる。当時の法制下，**解釈上，法令違反にあたるとされたことで本原則適用の余地がなくなった**というべきであろう。

❸ 蛇の目ミシン株主代表訴訟事件

この事件では，企業を防衛するためにやむをえないと判断して金員を交付するなどした行為が取締役としての注意義務に反しないかが問われた。

事実関係を要約すると，仕手筋グループを主宰するKが蛇の目ミシン株式を大量に取得しこれを暴力団の関連会社に売却するなどといって同社の取締役Yらを脅迫した。Yらは脅迫に屈するかたちでKに300億円を交付し，関連会社を通じて債務の肩代わりもした。

同社の株主Xは，Yらが会社に与えた損害を賠償することを求めて代表訴訟を提起した。

原審の東京高等裁判所（平成15（2003）年3月27日）判決は，会社そのものが崩壊する損害を防ぐには300億円という巨額の供与もやむをえないものとの判断をYが行い，他の取締役もこれに同意したもので，Kの狡猾で暴力的な脅迫行為を前提とした場合，当時の一般的経営者，取締役としての職務遂行上の過失があったとはいえないとした。

本判決は，経営判断原則を適用したといえなくもない。

上告審の最高裁判所（平成18（2006）年4月10日）判決は，会社経営者としては，暴力団関係者等から，株主の地位を濫用した不当な要求がされた場合には，法令に従った適切な対応をすべき義務を有する

というべきであり，Ｙらは，Ｋの言動に対して，警察に届け出るなどの適切な対応をすることが期待できないような状況にあったということはできないから，Ｋの理不尽な要求に従って300億円という巨額な金員を交付することを提案しまたはこれに同意したＹらの行為について，やむをえなかったものとして過失を否定することはできないとした。

脅迫という犯罪行為に直面しての判断であり，また，企業を防衛する目的もはっきりしているので経営判断原則を適用してもしかるべき事例に思える。だが，本原則の適用要件のうち，「目的に社会的非難可能性がない」点が関連してくる。

一見すると，企業防衛のために巨額の金員を提供することもやむをえなかったと考えがちである。ただ，**提供先は反社会的勢力であり，活動資金が渡ることも含めこれとの関係を遮断し**，そのための**体制を内部統制システムの一環として整備することを法が会社経営者に求める**ようになった。

こうした社会，法律面の要請は比較的最近になって顕在化してきたものであるが，当時においても少なくとも社会的非難可能性はあったとみるべきであろう。

❹ 国際航業業務上横領事件

この事件では，国際航業の取締役経理部長および経理部次長が，同社株式の買占めの妨害を政治団体の代表に依頼し，工作資金・報酬などとして，会社の現金11億7,500万円を交付した行為が業務上横領にあたるかどうかが争われた。

第１審の東京地方裁判所（平成６（1994）年６月７日）判決は，交付金額の一部については，被告人らの支出権限内であり，それ以外の部分についても，もっぱら会社のために支出したのであるから不法領得の意思に欠けるとして無罪を言い渡した。

控訴審の東京高等裁判所（平成８（1996）年２月26日）判決は，一転，不法領得の意思を認め両名を有罪にした。判決は，株の買占めによる企業買収の動きに対して現経営陣がいわゆる企業防衛を目的とし

てどのような対応策を採ることができるかが問題であるが，少なくとも本件の行為は，許される限界を超えているというべきであるとして，いわば経営判断原則適用の限界を示した。

すなわち，判決は，現経営陣が，いわゆる企業防衛の下に，明らかに株主に損害を与え，あるいは，会社の支配権に関する株主の最終的な判断権を奪うような行動に出るべきではない。さらに，取締役会は，株主総会によって選任された取締役によって構成され，業務執行の意思決定機関であるとともに代表取締役または業務執行取締役の業務執行を監督する機関としての機能を果たし（［旧］商法260条1項），重要な業務執行については，自ら決定しなければならず，これを代表取締役に委ねることは許されない（同法260条2項など），として原則論を述べた。

そのうえで，防戦買い自体，緊急避難的な行為としても許容されるかどうか議論があるところ，本件は，株式の過半数を制した後に，さらに買占め者側が支配する約1,700万株という大量の株式を買い取ることを企図したものであって，商法の自己株式取得の禁止規定に明らかに違反しており，本来，受託者本人である会社自体でも行うことのできないことを行おうとしたものといわざるをえない，とした。

判決は，本件の各金員の支出は，いずれも違法目的を有し，かつ，禁令の趣旨に明らかに反した行為であり，また，手続上も取締役会の決議を経ていない行為であって，被告人らは具体的支出権限を有してはいなかったものと認めるのが相当であると結論づけた。

ただ一方で，本件のような企業防衛を目的とした多額の金員の支出は，仮にもしそのような支出が許されるとしても，［旧］商法260条2項により**取締役会において決すべき事項であると述べて適切な意思決定手続を踏めば認められる余地を残した点**は注目される。

本件は刑事事件であるが，会社の意思決定プロセスがどうあるべきか，それ次第では経営判断原則的考え方で取締役の免責があり得ることを示唆している。しかし，あくまでも刑法をはじめとする法令に違反する社会的非難可能性がないことが同原則適用の前提要件になる。

❺ 伊豆シャボテンリゾート損害賠償請求事件

　　G社の代表取締役Hは，Iが率いるIグループとの経営権争いに敗れ，平成26年11月に取締役を退任した。新経営陣の経営するG社は，代表取締役在任中に複数の法律事務所に支払った約2,700万円の弁護士報酬は，Hの自己保身目的による会社財産の浪費であり，善管注意義務に違反するとして，Hを被告として損害賠償請求をした。原判決は，主としてその地位を保全するために正当な理由なくG社の財産を流出させたとして，被告の善管注意義務違反・忠実義務違反を認め，請求を認容した。

　　控訴審判決は，大略，以下のように述べ，被告の責任を否定した。

東京高判平成30年５月９日金法2103号72頁より

> 　　Hが，G社の取締役として，Iグループによる G社の買収が株主共同の利益に反する可能性があると判断し，これに対する防衛策を講じようとしたことには，相当の理由があるというべきである。むしろ無為に手をこまねいていたとすれば，それこそ取締役としての善管注意義務違反を問われかねない状況であったとさえいうことができる。このような事実関係の下で，防衛策の模索が，Hの個人的な保身に目的があったなどと推認することはできない。本件では，Iが反社会勢力に属する事実や，IおよびIグループ企業による議決権行使が不当な目的に出たものであることについて，Hが立証責任を負うものではない。G社が，Hに善管注意義務違反・忠実義務違反があったことについて，立証責任を負うものであり，G社はこの立証責任を果たしていない。そもそも，反社会的勢力に属することを容易に立証できるような者が上場企業の買収を図るはずがないのであり，そのような疑いがあるにとどまるという不確定・流動的な状況の中で，買収の攻勢にさらされた企業の取締役は迅速な対応を迫られるのであって，後に買収勢力が反社会的勢力に属することの立証ができなかったとしても，とりわけ本件のように新経営陣から旧経営陣に対して損害賠償請求を行う場合の善管注意義務違反の判断には，慎重な検討が求められるというべきである。

３ 子会社・グループ会社支援と経営判断原則

❶ 子会社・グループ会社支援が問題となる場面

　　子会社やグループ会社が財政面で危機的状況に陥った場合に，親会社が支援を行うことはよくある。一般的に子会社・グループ会社の支援を禁ずる法令はない。

　　むしろ，企業集団内部統制の要求が2014年の会社法改正によっても強まったなか，親会社がその企業集団に属する子会社などを統括し管理する立場から破綻しそうな子会社などを支援し再建させるべき責任はより重くなったというべきであろう。

　　子会社・グループ会社支援に経営判断原則を適用できるかどうかが問題になるとしたら，支援したにもかかわらず子会社などが立ち直ることができなかった場合である。支援のためにつぎこんだ金銭が生かされず，親会社にはその分の損失が発生してしまう。

　　そうなると，支援を決定した役員の責任を追及する株主代表訴訟が起こっても不思議はない。

　　経営判断原則が子会社支援などの場面で適用されるようにするには，**支援によって子会社を立て直すことで親会社やグループにもたらされるメリット，および支援はしたが再建に失敗し子会社を倒産させてしまった場合のデメリットを洗い出し検討する**のがよい。

　　積極派と消極派にチームを分け，シミュレーションゲーム的に意見を戦わせ，取締役の判断のもとを提供するのもよいであろう（95頁以下，「経営判断原則対応実践マニュアル」参照）。

　　子会社・グループ会社の支援は，いわゆる「関連当事者間の取引」を含み，利益相反管理を必要とすることが多い。したがって，取締役会などにおける意思決定は慎重に行われなくてはならないが，CGコー

ド原則 1 − 7 「関連当事者間の取引」は次のように述べている。

> 　上場会社がその役員や主要株主等との取引（関連当事者間の取引）を行う場合には，そうした取引が会社及び株主共同の利益を害することのないよう，また，そうした懸念を惹起することのないよう，取締役会は，あらかじめ，取引の重要性やその性質に応じた適切な手続を定めてその枠組みを開示するとともに，その手続を踏まえた監視（取引の承認を含む）を行うべきである。

❷ 福岡魚市場事件

　この事件は，株主代表訴訟ではない。会社みずからが原告となり，その代表取締役を被告として損害賠償請求訴訟を起こした。原告となったのは，水産物の卸売業者であり，自社の荷揚げ高を増大させるために会社を設立し株式過半数を保有するとともに，資金，人事面を通じて同社を子会社としてコントロールしていた。

　その後，同子会社が，融通手形を濫発し経営破綻状態に陥ったことから，親会社の調査室が破綻に瀕した子会社への対応を立案することとなった。調査室は，子会社への援助をただちに打ち切るなどして親会社からの融資を少しでも回収し損害を最小限に抑えようとする消極案と，秋以降にくる盛漁期までの運転資金をつなぎ融資して事業の好転をはかる積極案の双方を提示した。

　親会社は，同子会社の管理を強化するとともに担保もできるだけ取る方針の下で積極案を採り融資を継続した。ところが，親会社による経営管理が軌道に乗らないうちに，同子会社はさらに融通手形を濫発するなどし，豊漁期の到来を待たずに事実上倒産したため，親会社としては融通した手形の支払いを余儀なくされ損害をこうむった。

　そこで，親会社は，そのこうむった損害について代表取締役の忠実義務違反があるとして，約 1 億円の損害賠償を請求した。第 1 審では，会社の請求が一部認容されたため被告が控訴した。

　控訴審の福岡高等裁判所は，次のように述べて控訴を棄却した。

福岡高判昭和55年10月8日判時1012号117頁より

> 企業は本来自己の責任と危険においてその経営を維持しなければならないものであるから，親会社の取締役が新たな融資を与えることなくそのまま推移すれば倒産必至の経営不振に陥った子会社に，危険ではあるが事業の好転を期待できるとして新たな融資を継続した場合において，たとえ会社再建が失敗に終りその結果融資を与えた大部分の債権を回収できなかったとしても，右取締役の行為が親会社の利益を計るために出たものであり，かつ，融資の継続か打切りかを決断するに当り企業人としての合理的な選択の範囲を外れたものでない限り，これをもって直ちに忠実義務に違反するものとはいえないと解すべきである。

同判決が**経営判断原則を適用するにあたって決め手としたのは，調査室に消極案と積極案の双方を立案させ，社内の意見を十分に聞いたうえで慎重に融資の継続か，打ち切りかの判断を下した点**であろう。

❸ 観光汽船事件

この株主代表訴訟事件では，資本関係にはないもののグループ企業であると評価できる，観光汽船事業を営む企業に対する多額の無担保貸付けが取締役の善管注意義務・忠実義務に違反するとされた。

ただ，控訴審判決は，以下に引用するとおり，一般論として，事実上のグループ企業の支援決定にも一定の条件の下で経営判断原則の適用があり得ることを示しており注目される。同判決の該当部分は次のように述べている。

会社の取締役が，相互に資本関係がないにしても，人的構成及び事業運営の面において密接な関係にあり，「グループ企業」とみられる関係にある他の営利企業の経営を維持し，あるいは，倒産を防止することが，ひいては自己の会社の信用を維持し，その利益にもなるとの判断のもとに，右企業に対して金融支援をすることは，それが取締役としての合理的な裁量の範囲内にあるものである限りは，法的責任を追求^{ママ}されるべきことではない。

このような観点からして，会社の取締役が，自らの会社の経営上特段の負担にならない限度において，前記のような関係にある他の営利企業に対して金融支援をすることは，担保を徴しない貸付け又は債務保証をした場合であっても，原則として，取締役としての裁量権の範囲内にある行為として，当該会社に対する善管注意義務・忠実義務に違反するものではない。

……しかしながら，支援先の企業の倒産することが具体的に予見可能な状況にあり，当該金融支援によって経営の建て直しが見込める状況にはなく回収できなくなるなどの危険が具体的に予見できる状況にあるにもかかわらず，なお，無担保で金融支援をすることは，もはや取締役としての裁量権の範囲を逸脱するものというべきであり，当該会社に対する善管注意義務・忠実義務に違反する……。

上記判決の引用部分で注目されるのは，**経営不振に陥った実質的グループ企業に対する支援が認められるための判断基準を示している点**である。この点は，とりもなおさず，こうした場面における経営判断原則適用の要件を示したものとみることができる。

ただ，判決は，この一般的要件を本事案に具体的に当てはめた結果として，取締役の責任を肯定した。

なお，本控訴審判決に対して取締役や役員側は上告した。最高裁判所はとくに具体的な理由を示すことなく控訴審の判断を支持し，上告を棄却した（最判（一小）平成12（2000）年9月28日資料版商事法務199号316頁）。

4 グループ再編・企業結合 と経営判断原則

❶ M&Aと経営判断

　　一般に，いわゆるM&Aの展開は，高度な経営戦略マターである。近時は，M&Aが新たな企業グループを形成するために行われたり，グループ企業間で行われたりするようになっている。そうした**グループ再編のためのM&Aを含め，M&Aをどの相手とどのような条件でいつ行うかの判断は，機動性も求められる高度な経営判断**である。

　　M&Aは，「企業買収」と称するように会社を丸ごと売買するのに等しく巨額の資金が動くことが多い。わずかな判断ミスが会社の存亡にもかかわる分野といってもよく，経営判断原則の適用を受けられるような慎重な意思決定が求められる。

❷ ニッポン放送株主代表訴訟事件

　　当時，ニッポン放送の子会社であったフジテレビジョンは，株式公開に向けて第三者割当増資をした。これに対し，元社員の株主が親会社の地位を失う第三者割当増資を阻止しなかったことで生じた141億円余りの損害の賠償を求めてニッポン放送の役員を被告とする株主代表訴訟を提起した。

　　本件は子会社の地位に重大な変更をもたらすグループ再編行為の一環であるが，東京地方裁判所（平成10（1998）年9月24日）判決は，まずこうした行為が「その目的，企業の結合の生成過程，結合企業間の関係及び株式保有の分散状態，結合企業の経済状況，結合企業を取り巻く社会経済事情等によって決せられるものであり，本件におけるように子会社に資金需要が生じた場合において，子会社が資金調達のため株券の上場を図るに当たっては，あわせて，親会社における資金

調達力，子会社における他株主の意向，資本市場の動向等も考慮されなければならない。その判断はきわめて高度な経営判断ということができる。」と位置づけた。

そのうえで，経営判断原則を以下のように説明した。

「取締役に善管注意義務または忠実義務の懈怠があるか否かの判断に当たっては，取締役によって当該行為がされた当時における会社の状況および会社を取り巻く社会・経済・文化の情勢の下において，当該会社の属する業界における通常の経営者の有すべき知見および経験を基準として，当該行為をするにつき，その目的に社会的な非難可能性がないか否か，その前提としての事実調査に遺漏がなかったか否か，調査された事実の認識に重要かつ不注意な誤りがなかったか否か，その事実に基づく行為の選択決定に不合理がなかったか否かなどの観点から，当該行為をすることが著しく不当とはいえないと評価されるときは，取締役の当該行為にかかる経営判断は裁量の範囲を逸脱するものではなく，善管注意義務または忠実義務の懈怠がない」。

判決は，本原則を本件に当てはめて「被告らは，フジテレビの上場，第三者割当増資等にかかる意思決定に当たり専任の取締役を置いて各種調査やフジテレビの担当者との情報の交換等をさせ，監査法人や弁護士の意見を徴し，証券会社や不動産鑑定会社を通じてフジテレビの上場等についての状況の把握に努めており，被告らの経営判断の前提としての事実調査に遺漏があったとか，事実の認識に重要かつ不注意な誤りがあったとはいいがたい」と結論づけた。

とくに判決が調査や情報交換のための専任の取締役を置いたことや外部の専門家などの意見を求めたことを重視している点は，アメリカのBJRの適用事例を連想させる（17頁参照）。

なお，ニッポン放送は，フジテレビの株式公開後同社の子会社となり，ライブドアによる敵対的買収で狙われることになった。これに対抗してフジテレビは，2005年1月，ニッポン放送株式につき公開買付け（TOB）をすると発表した。

いわゆる友好的TOBであるが，これに応じた同社株式の売却によ

る損害賠償を求めて起こったのが以下の東京電力役員に対する株主代表訴訟事件である。

❸ 東京電力（フジテレビTOB）株主代表訴訟事件

　本件はニッポン放送が敵対的買収で狙われるなかで起こった。一般に株式会社を敵対的に買収しようとする者とこれを阻止しようとする者との攻防は，株式・議決権の奪い合いの様相を呈する。

　株式が公開されている場合においては，株式・議決権をかき集める最も有効な方法がTOBである。本件では，敵対的買収者のライブドア側はTOBを行わなかったが，防衛側のフジテレビは上記のとおりTOBを行うことにした。

　東京電力はニッポン放送の株主として，本TOBに応じて株式を売却したが，その後市場価格がTOBの買付価格を上回ったため，東京電力の株主2名が同社の取締役17名を被告とし，市場価格が上回った後も応募を撤回せずに株式を売却したことは，善良なる管理者の注意義務・忠実義務違反であるとして約1億円の損害賠償を求めて株主代表訴訟を提起した。

　東京地方裁判所（平成18（2006）年4月13日）判決は，こうした状況下でTOBに応じるか否かは経営判断事項であるとし，以下のように判示した。

　「取引先の企業からの公開買付けに応じて欲しい旨の要請があった場合，その要請に応じて買付けに応募するか否かは，その買付価格が合理的なものであるか否かが重要な判断要素の一つであるが，それのみにとどまらず，要請元の企業あるいはそのグループ等との円滑な取引関係の維持や発展の要否など複雑多様な諸要素を勘案したうえで行われる経営判断に属することがらであり，特に差し迫った資金的な需要がない限り，これに応じることが許されないと解すべき理由はないし，応募後に当該株式に係る市場価格が買付価格を上回った場合には，常に応募を撤回しなければならないという一義的処理が要請されるべきものでもなく，これらの点についての経営者の判断は，具体的な当

該状況下において，前提とした事実の認識に不注意な誤りがなく，その事実に基づく行為の選択に著しく不合理な点がない限り，尊重されるべきものである」。

そのうえで，経営判断原則の適用要件の本件への当てはめを行っているが，**TOBに応じた目的が経営上重要な取引先との良好な関係の維持にあったとし，東京電力にとってフジサンケイグループは，大口の顧客であり，オール電化マンション普及促進や氷蓄熱式空調システムの採用について協力を得ている存在でもあることをとくに重視している。**

なお，本件TOBへの応募を維持すべきかを取締役会に付議しなかった点が問題にはなったものの，判決は，金額面で東京電力の取締役会付議基準を大幅に下回っており，この点に瑕疵はないとした。

❹ アパマンショップ株主代表訴訟事件

アパマンショップグループの事業再編で子会社（B）を別の子会社（C）に合併させるにあたり，合併前に子会社Bを完全子会社化しておくために株式の買取りを行った際，株主が買取価格の不当性を主張して同ホールディングスの代表取締役Yらの賠償責任を追及して代表訴訟を提起したのが本件である。

最高裁判所（平成22（2010）年7月15日）判決は，まず，このような**グループ事業再編計画の策定は，完全子会社化とすることのメリットの評価を含め，将来予測にわたる経営上の専門的判断にゆだねられている**と解されるとした。

そのうえで，「この場合における株式取得の方法や価格についても，取締役において，株式の評価額のほか，取得の必要性，参加人の財務上の負担，株式の取得を円滑に進める必要性の程度等をも総合考慮して決定することができ，その決定の過程，内容に著しく不合理な点がない限り，取締役としての善管注意義務に違反するものではないと解すべきである」と判示して，経営判断原則が適用され得る場面であることを述べた。

本原則の当てはめ部分では，同ホールディングスがB社の株式の払込金額であった5万円を買取価格と決定したことが著しく不合理といえるか，同決定に至る過程面で不合理な点があったかどうかの判断が示されている。

とくに意思決定過程について，すでに取り上げたように（40頁参照）**経営会議での検討および弁護士の意見聴取などの手続履践を評価している**点が注目される。

❺ ツノダ株主代表訴訟事件

不動産賃貸，自動車販売などを業とする名古屋証券取引所に上場の株式会社で，自動車部門の営業損益は赤字であったため，平成25年11月頃，他社に対し自転車販売業務の委託を開始した。平成23年9月〜平成27年9月に開催された4回の定時株主総会では，自転車事業を定款記載の目的から削除することを求める議案が株主から提出されたが，そのつど否決され，自転車事業は継続されていた。

平成14年頃からA社の株式を継続して保有している株主が取締役らに対して，自転車部門の営業損益を開示しない有価証券報告書を提出したこと，および損益がプラスになる見込みのない自転車部門の営業を継続したことなどについて法令違反および善管注意義務違反があったとして，会社法423条に基づく損害賠償を会社へ支払うよう求め，株主代表訴訟を提起した。

地裁判決は，大略，以下のとおり述べ，被告らの責任を否定した。

名古屋地判平成29年2月10日金判1525号50頁より

まず，有価証券報告書には，法令上，事業セグメント別の業績として，事業部門ごとの営業損益を記載すべきことが要求されていないとして，被告らの任務懈怠を否定した。

経営判断が善管注意義務違反に当たるかどうかについては，事後的・結論的な評価によるのではなく，行為当時の状況に照らし，合理的な情報収集・調査・検討等が行われたか，及び，その状況と取締役

に要求される能力水準に照らし不合理な判断がなされなかったか等を基準に判断すべきものである。……複数の事業部門を有する会社において，ある事業部門で赤字が続いていたとしても，当該事業から撤退しないことが直ちに取締役の善管注意義務違反になるものではなく，当該事業が好転する可能性の有無及び程度，当該事業の会社における位置付けや事業全体に占める割合，当該事業から撤退することによって他の事業に及ぼす影響その他当該事業を撤退することによるメリット及びデメリット等を総合的に考慮して，当該事業を継続するという判断に不合理な点があったか否かを検討して，善管注意義務違反の有無を決するのが相当である。

本件においては，わが国において自転車事業自体が衰退するほかない状況にあったとはいえないところ，会社は自転車部門を存続させるための対策をとり，同部門に相応の好転も生じさせてきたのであって，被告らが漫然と同部門を存続させてきたとは評価できないこと，会社の知名度は自転車部門によるものであり，そのような事業を存続させることは経営判断として十分理解できること，株主総会において，定款記載の目的から自転車事業を削除する株主提案が複数回なされたが，いずれも否決されており，自転車事業の存続は株主の多数の意思に沿うことなどを指摘して，被告らによる自転車事業を存続させた経営判断に不合理な点があったとはいえない。

本件は，ある事業から撤退するかそれともこれを存続させるかの経営陣による意思決定につき，経営判断として一定の裁量を認めた裁判例である。

5 会計処理・財務運用と経営判断原則

❶ 会計処理・財務運用分野における経営裁量

いま，IFRS（「国際財務報告基準」が正確だが，一般に「国際会計基準」と称している）の任意適用に踏み切る大手企業が増えている。

日本企業は，会計基準として日本基準，米国基準（U.S. GAAP），およびIFRSのいずれを採用してもよいことになっている。海外子会社との調整・調和を含めて，いずれの基準を採用するかは経営者の裁量に委ねられている。

会計基準の選択を含め，会計処理面では原則として経営裁量が認められることが多い。財務運用面においても同様のことがいえる。

ただ，**運用に失敗して会社に巨額の損失を生じさせた場合などに取締役の注意義務違反が認められるかについては，経営判断原則の適用が問題となり得る。**

❷ 阪急電鉄株主代表訴訟事件

本件では，電鉄会社の取締役が行った会計処理の適法性が問われた。

大阪地方裁判所（平成15（2003）年10月15日）判決は，まず，**会計処理の原則および手続を変更すること自体は，仮に，それが企業会計原則上の継続性の原則に違反する場合であっても，ただちに「一般に公正妥当と認められる企業会計の慣行」（会社法614条）に違反するものと解すべきではない**とした。

そのうえで，会社による具体的な会計処理に経営判断原則を適用して次のように述べた。

> 補助参加人においては，平成13年３月期当時，阪急電鉄グループの関係会社の整理等に伴う損失及び減損会計の導入に伴う損失に備えるために引当金を計上する必要があったところ，その原資としては工事負担金等受入額及び保有株式の売却益が考えられたが，被告らは，工事負担金等受入額を原資とすることによって生じる経済的不利益についても検討した上で，これを原資として前記引当金を計上するために圧縮記帳をしない本件損益計算書を作成したというのであり，その検討過程も，……複数の機関によって複数回の審議を経たというものであるから，被告らが本件損益計算書を作成し承認した時点において，その判断の前提となった事実の認識に重要かつ不注意な誤りがあったとは認められず，また，その意思決定の過程，内容が企業経営者として特に不合理，不適切なものであったともいえないから，被告らに取締役として認められた裁量の範囲を逸脱するものではなく，したがって，被告らに善管注意義務違反及び忠実義務違反となるべき任務懈怠を認めることはできない。

❸ 三洋電機（現パナソニック）株主代表訴訟事件

　　関係会社株式の減損処理等の会計処理が公正な会計慣行に準拠していなかったことによる違法配当かどうかが争われた。

　　大阪地方裁判所（平成24（2012）年９月28日）判決は，まず，株式の実質価額は，会社の保有する有形無形のすべての資産を時価評価して算定されるものであるとし，回復可能性は，将来の不確実な事象に関し，財務諸表作成時に入手可能な情報に基づいてする予測であるので，株式の実質価額の回復可能性の判断については，当該会社の事業内容，規模，性質，業態のほか，それらに基づいて策定される事業計画・方針など経営判断事項の影響を避けて通れないとして，経営判断原則適用可能性を示した。

　　そのうえで，とくに子会社株式の価格の回復可能性は，将来的に親会社が当該子会社を含めたグループ全体をどのように経営していくか，

親会社グループ内での当該子会社の位置づけや親会社の支援方針とい
う親会社の経営判断の影響を強く受けるから，回復可能性の有無は，
判断基準が一義的に会計慣行として確立されていない状況の下では，
上記の諸般の事情を総合考慮して判断せざるを得ない。

　その**判断を最もよくなし得るのは，当該会社について精通し，経営
の専門家である親会社および子会社の経営者に他ならない**とした。

　ただ，経営者の判断が恣意的になるのを避けるために，以下のよう
にするべきであるとした。

＜大阪地判平成24年9月28日判時2169号104頁より＞

> 　回復可能性の判断の合理性を判断するに当たっては，親会社・子会
> 社の規模，各事業内容や業態，事業計画の内容，事業計画策定の基礎
> 資料の有無・内容，子会社関係会社を含めた事業方針など回復可能性
> の判断過程において考慮されるべき諸事情を総合考慮して決すべきで
> ある。
>
> 　……そして，事業計画における施策遂行の確実性等の判断は，業績
> 回復が予定どおり進むかどうかという回復可能性の判断の一態様であ
> るから，前同様，経営者の判断の合理性の有無という観点から決する
> のが相当である。
>
> 　……三洋電機は，具体的な資料に基づいて，専門家も交えて検討し
> た上で回復可能性について判断しているし，本件累損解消計画の内容
> も格別不合理なものとはいえないから，平成13年3月期における回
> 復可能性の判断が不合理であったとまでいうことはできない。

❹ ヤクルト本社株主代表訴訟事件

(1) 判決の概要

　投機性の高いデリバティブ取引を行って1993年5月から1998年3月
までの間に，約533億円の損失を出した会社の株主が，取引当時の担
当取締役および他の取締役，監査役に対し，①本件デリバティブ取引
は［旧］商法260条2項に定める取締役会承認事項に該当するにもか

かわらず，このような手続を経ていないことは違法である，②本件デリバティブ取引はヤクルト本社の定款記載の事業目的と関連性を有しないものであることから，定款に違反する行為である，③本件デリバティブ取引はきわめてリスクの高い取引であり，ヤクルト本社は適切なリスク管理体制を構築して監視し，これを中止させるべきであったにもかかわらず，これを怠った善管注意義務違反があるとして，損害の賠償を求め株主代表訴訟を提起した。

　東京高等裁判所（平成20（2008）年5月21日）判決は，デリバティブ取引を担当した元取締役副社長に善良なる管理者の注意義務違反を認め約67億円の賠償を命じたが，リスク管理体制を構築してデリバティブ取引を監視すべきであった当時における他の取締役や監査役には，同義務違反はなかったとした。

　判決は，定款や法令，内規違反の点についていずれも否定している。とりわけ同社の決裁規程および決裁基準ではデリバティブ取引は取締役会の付議事項とはされていなかったが，このような定め方は，その時々の経済情勢や市場動向をみながら適時の判断をする必要があるというデリバティブ取引の性質に適合している面があり，決裁規程違反の問題も生じないとした。

　大きな賠償金額を対象にする株主代表訴訟では，取締役会の場で意思決定がなされなかった場合，その点の法令違反，内規違反を主張されることがよくある。経営判断原則適用を求める前提としてこれら内規の内容を適正なものとしておかなくてはならない。

(2)　**リスク管理体制の整備について**

　次に，リスク管理体制の整備に係る取締役全般の善管注意義務について判決は，デリバティブ取引により発生する損失によって会社の存立にまで影響が及ぶような事態が生ずることを避ける目的で，損失が生じた場合の影響を一定の限度に抑えられるようリスク管理の方針を立て，これを適切に管理する体制を構築する必要が生ずるが，デリバティブ取引から生ずるリスク管理の方針および管理体制をどのようなものにするかについては，会社の規模，経営状態，事業内容，デリバ

ティブ取引による資金運用の目的，投入される資金の性質，量等の諸般の事情に左右され，**その内容は一義的に定まるようなものではなく，幅広い裁量があるとし，経営判断原則適用の前提となる経営裁量を認めた。**

(3) デリバティブ取引担当者の責任

デリバティブ取引を担当した取締役副社長の責任についても判決は，「法令，定款および会社が定めたリスク管理の方針に違反した場合は当然に善管注意義務違反を構成することになるが，定められたリスク管理の制約の範囲内においては，相応の裁量が認められ，善管注意義務違反に当たるか否かは，当時の状況に照らして情報の収集，分析，検討が合理的であったかどうか，その事実認識に基づく判断の過程および判断内容に明らかに不合理な点がなかったかどうかという観点から検討されるべきものである」として，経営判断原則が適用され得るとした。

だが，この元副社長の場合，デリバティブ取引の想定元本上限額を超えないよう義務づけられていたにもかかわらず，取引を拡大させ，役員会において実質想定元本を判然としなくする「隠れレバレッジ」について説明をせず，**表面上は想定元本の限度規制額を遵守しているように装っていたことを重視して，**善管注意義務違反があったとした。

(4) 担当外の役員の責任

他の取締役と監査役の責任について判決は，「相応のリスク管理体制に基づいて職務執行に対する監視が行われている以上，特に担当取締役の職務執行が違法であることを疑わせる特段の事情が存在しない限り，担当取締役の職務執行が適法であると信頼することには正当性が認められるのであり，このような特段の事情のない限り，監視義務を内容とする善管注意義務違反に問われることはない」として，**いわゆる信頼の原則の考え方によるとした。**

そのうえで，特段の事情が認められないとして責任を否定したが，とりわけ当時の代表取締役社長は，「平成9年8月以降の株価暴落後，含み損額が増大したので，必要な調査をし，検討をした結果，現時点

で本件デリバティブ取引を完全に打ち切ったとしても、自己資本（任意積立金）の範囲内で処理し得るが、このまま本件デリバティブ取引を継続する場合は、上記範囲を超えるリスクが発生し、ヤクルト本社の経営に危険を生じさせるものと判断し、デリバティブ取引の中止を決定し、取締役会の決議を経て、これを実行したものである。……ヤクルト本社は、デリバティブ取引の内容を開示させた上、リスクの程度に応じてリスク管理体制を順次整備し、資金運用チーム、監査室、経理等担当取締役、常勤監査役、経営政策審議会、常務会、代表取締役、取締役会、監査法人等が互いに不足部分を補い合って有機的に連携し、想定元本額、計算上の含み損を指標として、デリバティブ取引を実施するＹ〔元副社長〕に対して、本件制約、本件常務会決定などの制約を課すなどして、デリバティブ取引のリスクを管理していた」と述べている点が注目される。

これらのさまざまな機関、人々が関与するリスク管理体制が評価されたかたちになっている。

なお、本件高裁判決は、最高裁判所が上告を退けたため確定した。

❺ オービック株主代表訴訟事件

ソフトウェアの企画開発などを営むＡ社は、投資コンサルタント業を営むＢ社発行の私募方式普通社債を平成18年と同19年に各１回ずつ引き受け、同20年にはキプロス法人Ｃ社発行の新株予約権付社債を引き受けた。

これらの社債は、いずれも償還不能ないし償還遅延に陥り、Ａ社は元本全額および未収利息について回収不可能として特別損失を計上した。Ａ社の株主Ｘは、Ａ社の取締役または元取締役のＹらに対し、取得にあたって社債の償還可能性等についての検討を十分に行わなかった任務懈怠があるなどとして、株主代表訴訟を提起した。

判決は、大略、以下のように述べ請求を棄却した。

> 　取締役が，会社の資金の運用として社債を取得する場合には，善管注意義務の内容として，当該会社の財務状況に重大な影響を及ぼさないよう，資金運用に伴うリスクも勘案し，当該資金運用の性質，内容，規模等に照らして取得の是非を判断する義務を負うというべきである。もっとも，企業がその資金をどのように活用するかは経営上の判断に委ねられる事項であり，その判断をする際にどれだけの情報を集め，どの程度検討を行うかも経営上の判断であるから，株式会社による社債の取得については，当該取得に係る判断の前提となった事実を認識する過程における情報収集やその分析が不合理であるか，あるいは，その意思決定の推論過程や内容に著しく不合理な点がある場合に，取締役が善管注意義務に違反したものと解するのが相当である。本件社債の取得については，いずれも，投資顧問契約先の意見を踏まえるなどされており，その前提となった事実を認識する過程における情報収集やその分析が不合理であったということはできず，その意思決定の推論過程や内容も著しく不合理であるということはできない。

　本判決は，企業の資金運用における経営判断としての裁量を認め，意思決定過程の合理性を認めている。

❻ ユーシン株主代表訴訟事件

　D社では，外国企業の買収に伴い，取締役の役割が劇的に変化し，責任が飛躍的に増大したことを背景に，株主総会において，取締役の報酬総額を10億円以下から，30億円以内にするとともに，各取締役への配分は取締役会へ一任する旨の決議がなされた。

　取締役会では，各取締役が受けるべき報酬額の決定を代表取締役Y_1に再一任する旨の決議がなされた。当該取締役会決議の後，Y_1以外の取締役（以下「Y_2ら」という）は，Y_1の受けるべき報酬額につき協議を行い，Y_1の報酬総額は14億円程度と伝えた。そこで，Y_1は自己の平成26年11月期の報酬額を14億500万円と定めた。D社の株主Xは，Y_1の報酬額を決定した同社の取締役（Y_1ら）には任務懈怠責

任があるとして，株主代表訴訟を提起した。

　原判決は，Y₁による本件報酬決定に至る判断過程やその判断内容に明らかに不合理な点があるということはできないとして請求を棄却した。提訴審判決も，原判決を補正のうえ引用し，大略，以下のように述べ，控訴を棄却した。

東京高判平成30年9月26日資料版商事法務416号120頁より

> 　事後的にみる限り，Y₁の取締役報酬に関する経営判断には批判の余地があるが，それはあくまで事後的判断であり，先の認定，判断を覆すことはできない。仮に，Y₂らにおいて，Y₁の報酬を増額すると，A社の第123期の決算が赤字になることが予想できたとしても，取締役の報酬は当期の業績のみで判断しなければいけないというものではないところ，第123期の業績予想において，当期純利益が大きく減額された理由は，特別損失などがあったためであり，海外企業の買収等の功績や本件株主総会決議で従前の10億円以内であったA社の取締役報酬額が30億円以内に変更されたことなどを踏まえて，Y₂らがY₁の報酬を5億7,000万円程度増額することが妥当と判断したとしても，その判断が明らかに不合理であるとまではいえない。

　取締役の報酬額を決定するにあたっては，利益相反管理の必要があり，恣意的判断を排する合理的な判断過程が求められる。代表取締役への「再一任」は，違法ではないが，相当な内容になるよう，判断につき善管注意義務が求められる。

6 危機対応・リスク管理・内部統制と経営判断原則

❶ 欠陥製品の回収などの経営判断

　　市場に販売し流通させた製品の欠陥が原因で，相次いで死亡事故が発生した場合を想定すると，製造企業や販売業者など関係する企業においては，危機対応が必要になる。

　　危機対応が求められるのは欠陥製品の場合だけではない，大量の顧客情報がネット流出した場合にも同様である。情報の場合，眼にみえる物と違って完全な回収が難しいのでより対応に苦労する。

　　危機対応には，迅速な判断が欠かせない。そのために**取締役会を招集している時間的余裕もない場合も多い**。

❷ ダスキン株主代表訴訟事件

　　食品販売事業を営むダスキンが，食品衛生法上使用が許されていない添加物のTBHQを含んでいることを知ったのちも「大肉まん」の販売を継続したことで，売り上げの低下，フランチャイジー加盟店の営業補償，キャンペーン開発費用の出捐など合計106億2,400万円の損害を被ったことについて，役員に損害賠償を求める株主代表訴訟が提起された。

　　最高裁判所が上告を退ける決定を下したことから確定した大阪高等裁判所（平成18（2006）年6月9日）判決は，当時の代表取締役会長兼社長に5億2,805万円，専務取締役生産本部担当に5億5,805万円，その他の取締役と監査役に各2億1,122万円を会社に支払うよう命じた。

　　同判決は，食品の安全性確保は，食品会社に課せられた最も重要で基本的な社会的な責任であり，食品会社は，安全性に問題のある食品

が製造・販売されないようにあらかじめ万全の体制を整えるとともに，万一安全性に疑問のある食品を販売したことが判明した場合には，直ちにこれを回収するなどの措置を講じて，**消費者の健康に障害が生じないようにあらゆる手だてを尽くす責任があること**などを述べたあと，各役員の責任を論じている。

　まず，元代表取締役会長兼社長について，早期に適切な対応を取ることを怠り，違法な販売継続行為をあえて行ったなど担当責任者が取った措置を，その違法性を知りながら了承し，**隠蔽を事実上黙認したこと，および公表の要否等を含め損害回避に向けた対応策を積極的に検討すること**を怠ったことにおいて，代表取締役社長としての善管注意義務違反は明らかであるとした。

　元専務取締役生産本部担当について判決は，本件混入や本件販売継続の事実を知りながら，**事実関係をさらに確認するとともに，これを直ちに社長に報告し，事実調査のうえで販売中止等の措置や消費者に公表するなどして回収の手だてを尽くすことの要否などを検討しなかったこと**につき，取締役としての善管注意義務の懈怠があったことは明らかであるとした。

　他の取締役と監査役の善管注意義務違反につき判決は，経営判断原則の適用を否定して，大略，次のように述べた。

大阪高判平成18年6月9日判時1979号115頁より

　　主として担当者の処分と今後の方針を検討するために設けられた委員会の所見を受けて，主要な役員の間で今後の方針の協議がなされ，本件混入および本件販売継続や本件支払の経緯等については自ら積極的には公表しない旨の方針が決定された。この自ら積極的には公表しないとの方針については，取締役会で明示的な決議がされたわけではないが，当然の前提として了解されていたのであるから，取締役会に出席した他の取締役らもこの点について取締役としての善管注意義務違反の責任を免れない。

　　被告らは，当時それは適切にして合理的な判断の1つであったから，

経営判断の原則に照らし，善管注意義務違反には当たらないと主張するが，方針決定の経緯や状況もあわせて考えると，「自ら積極的には公表しない」ということは「消極的に隠蔽する」という方針とも言い換えることもでき，公表した後に予想される社会的な非難の大きさにかんがみ，隠せる限りは隠そうとしたもので，現に予想されたマスコミ等への漏洩や，その場合に受けるであろうより重大で致命的な損害の可能性や，それを回避し最小限度に止める方策等についてはきちんと検討しないままに，事態を成り行きに任せることにしたものであり，経営者としての自らの責任を回避して問題を先送りにしたにすぎず，本件混入や本件販売継続の事実がN側からマスコミに流される危険を十分認識しながら，それには目をつぶって，あえて「自ら積極的には公表しない」というあいまいな対応を決めたのであり，本件混入や販売継続および隠蔽のような重大な問題を起こしてしまった食品販売会社の消費者およびマスコミへの危機対応として，到底合理的なものとはいえない。　（中略）

被告らはそのための方策を取締役会で明示的に議論することもなく，「自ら積極的には公表しない」などというあいまいで成り行き任せの方針を，手続的にもあいまいなままに黙示的に事実上承認したのであり，到底「経営判断」というに値しない。

監査役も，自ら上記方策の検討に参加しながら，以上のような取締役らの明らかな任務懈怠に対する監査を怠った点において，善管注意義務違反があることは明らかである。

❸ 大和銀行株主代表訴訟事件

当時の大和銀行ニューヨーク支店で現地採用した日本人トレーダーが米財務省証券の無断かつ簿外の取引によって巨額の損害を生じさせたことを防止できなかったこと，およびこの不祥事を米銀行監督当局に届出，報告すべき義務に銀行が違反したことにつき，当時の取締役，監査役の責任を追及する株主代表訴訟が提起された。

大阪地方裁判所は，平成12（2000）年9月20日，被告12名に，内部統制構築義務違反などを根拠に総額約11億ドルの賠償を命じる判決を下した。

会社法が制定される以前に，取締役による内部統制システム整備義務につき判決は，大略，以下のように述べた。

> 　健全な会社経営を行うためには，目的とする事業の種類，性質等に応じて生じる各種のリスク，例えば，信用リスク，市場リスク，流動性リスク，事務リスク，システムリスク等の状況を正確に把握し，適切に制御すること，すなわちリスク管理が欠かせず，会社が営む事業の規模，特性等に応じたリスク管理体制（いわゆる内部統制システム）を整備することを要する。……リスク管理体制の大綱は取締役会で決定することを要し，取締役は，取締役会の構成員として，また，代表取締役または業務担当取締役として，リスク管理体制を構築すべき義務を負い，さらに，代表取締役および業務担当取締役がリスク管理体制を構築すべき義務を履行しているか否かを監視する義務を負う。どのような内容のリスク管理体制を整備すべきかは経営判断の問題であり，会社経営の専門家である取締役に，広い裁量が与えられている。

　リスク管理体制と一体をなす内部統制システムの整備そのものには，経営判断原則が適用され得るとしている。

　だが，具体的なニューヨーク支店の内部統制システムの運用を含めたあり方について，「資産の検査については担当者を介さずに直接保管残高を照会すべきである」から，「検査部の担当取締役が業務担当取締役あるいは使用人兼務取締役として，財務省証券の保管残高の確認方法が適切さを欠いていたことにつき，任務懈怠の責を負う」とした。

　また，取締役らにアメリカの法令違反について任務懈怠があったか否かの点につき判決は，「取締役には広い裁量が与えられているが，……取締役は，会社経営を行うに当たり，外国法令を含む法令を遵守することが求められているのであり，取締役に与えられた裁量も法令に違反しない限りにおいてのものであって，取締役に対し，外国法令

を含む法令に遵うか否かの裁量が与えられているものではない」とした。

他の裁判例もいうように，取締役には法令を遵守すべきかどうかについて裁量権が与えられてはいない。

すなわち**法令は遵守すべきものであり，さらに遵守するための体制**（いわゆる**コンプライアンス体制**）の構築まで**取締役には求められる**。判決はその遵守すべき「法令」には**外国の法令が含まれる**とした。この点は，グローバルな事業展開をする企業にとってきわめて重要である。

❹ イビデン事件最高裁判決

この事件では，子会社の従業員に対して親会社が負うべき信義則上の義務違反が問われた。

被告として，グループ会社の契約社員から債務不履行または不法行為による損害賠償等の請求を受けた親会社が，グループの法令遵守体制を整備し，その一環として，コンプライアンスに関する相談窓口を設け，グループ会社従業員からの相談への対応を行っていた。

最高裁判所は，大略，以下のように述べて，訴えを起こしたグループ会社従業員が，相談の際に求めた他従業員によるストーカーを疑われる行為への調査をしなかったからといって，信義則上の義務に違反したとはいえないとした。

最高裁＜一小＞平成30年２月15日判決，判時2383号15頁より

> 本件グループ会社の事業場内で就労した際に，法令等違反行為によって被害を受けた従業員等が，本件相談窓口に対しその旨の相談の申出をすれば，上告人は，相応の対応をするよう努めることが想定されていたものとはいえ，申出の具体的状況いかんによっては，当該申出をした者に対し，当該申出を受け，体制として整備された仕組みの内容，当該申出に係る相談の内容等に応じて適切に対応すべき信義則上の義務を負う場合があると解される。

本件申出は，上告人に対し，被上告人に対する事実確認等の対応を求めるというものであったが，本件法令遵守体制の仕組みの具体的内容が，上告人において本件相談窓口に対する相談の申出をした者の求める対応をすべきとするものであったとはうかがわれない。本件申出に係る相談の内容も，被上告人が退職した後に本件グループ会社の事業場外で行われた行為に関するものであり，従業員Ａの職務執行に直接関係するものとはうかがわれない。しかも，本件申出の当時，被上告人は，既に従業員Ａと同じ職場では就労しておらず，本件行為が行われてから8箇月以上経過していた。

　したがって，上告人［親会社］において本件申出の際に求められた被上告人に対する事実確認等の対応をしなかったことをもって，上告人の被上告人に対する損害賠償責任を生じさせることとなる義務違反があったものとすることはできない。

　親会社は，子会社を含むところのグループ内における不祥事を防止するための，企業集団内部統制を整備し運用する責任を負っている。内部統制は，コンプライアンス体制を主柱とし，リスク管理と一体をなすものとして行われることが期待されている。

　企業集団内部統制の場合，その一環としていわゆるグループヘルプラインを設置するか，その運用をどうするかなどは，リスク管理体制の内容ともいえ，親会社の経営陣に広い裁量が認められるといってよい。

　本判決も，基本的にこうした考え方に基づく。ただ，そのうえで親会社は，法令等の遵守に関する社員の行動基準を定め，グループヘルプライン窓口を設けるなど，企業集団内部統制を整備してきた以上，信義則上，グループ会社の従業員の安全に配慮し，法的保護に値する利益を保護すべき義務を負うものとしている。

　本判決が，本件における具体的な事実関係の下で，相談窓口への申出の際に求められた対応に応じなかったからといって，相談者に対する損害賠償責任を生じさせるような信義則上の義務違反はなかったと結論づけたのは，妥当であろう。

　裏を返せば，本判決は，申出の具体的内容など次第で，これに適切

に対応すべき場合があることを示唆している。

❺「事業等のリスク」開示強化を求める改正開示府令

⑴　リスク管理体制の高度化と取締役会

　2019年1月31日，「企業内容等の開示に関する内閣府令の一部を改正する内閣府令」が公布・施行された。

　この改正では，有価証券報告書における「事業等のリスク」の開示が強化され，経営者が企業の経営成績等の状況に重要な影響を与える可能性があると認識している企業の主要なリスクについて，顕在化する可能性，顕在化した場合の影響，リスクへの対応策などを具体的に記載することを求めている。適用開始は，2020年3月期からである。

　有価証券報告書提出会社は，改正による開示強化に対応しなくてはならないが，経営者が認識する主要なリスクについて記載しなかった場合や対応策につき事実と異なる記載をした場合は，有価証券報告書の虚偽記載に該当するおそれがある。

　リスクの対応策について具体的に開示しなくてはならない企業は，リスク管理体制の高度化をはかり，開示するに足るだけ，リスク管理体制の"中身"を充実させる必要がある。

　事業内容や事業規模などに相応のリスク管理体制をどのような内容で構築しどう運用していくかは，経営上の判断として広い裁量が与えられているといってよい。

　本開示府令改正に対応しなくてはならない企業にとって，リスク管理体制の高度化は，一定の裁量が認められるが，主要なリスクにつき具体的な説明をするためには，喫緊の課題となった。

　金融庁は，2019年3月19日，有価証券報告書における開示の考え方を整理する目的で「開示原則」を策定した。「事業等のリスク」については，以下のように述べている。

　（望ましい開示に向けた取組み）
　①　事業等のリスクの開示においては，一般的なリスクの羅列ではな

く，財政状態，経営成績及びキャッシュ・フローの状況の異常な変動，特定の取引先・製品・技術等への依存，特有の法的規制・取引慣行・経営方針，重要な訴訟事件等の発生，役員・大株主・関係会社等に関する重要事項等，投資家の判断に重要な影響を及ぼす可能性のある事項を具体的に記載することが求められる。その際，取締役会や経営会議において，そのリスクが企業の将来の経営成績等に与える影響の程度や発生の蓋然性に応じて，それぞれのリスクの重要性（マテリアリティ）をどのように判断しているかについて，投資家が理解できるような説明をすることが期待される。

② リスクの記載の順序については，時々の経営環境に応じ，経営方針・経営戦略等との関連性の程度等を踏まえ，取締役会や経営会議における重要度の判断を反映することが望ましい。

（注）リスクを把握し，管理する体制・枠組みを構築している企業においては，当該体制・枠組みにおけるリスク管理の過程において，各リスクの重要度が議論されることも多いと考えられる。このような場合には，当該体制・枠組みについても記載することが望ましい。

③ また，リスクの区分については，リスク管理上用いている区分（例えば，市場リスク，品質リスク，コンプライアンスリスクなど）に応じた記載をすることも考えられる。

(2) リスク管理のPDCAと取締役会

「開示原則」が示すように，リスク管理体制の高度化に向けては，取締役会や経営会議において，「リスクの重要性（マテリアリティ）」を的確に判断する必要がある。

そのため，経営会議を経て，リスク管理体制の高度化を議案として，取締役会の承認決議を求めるのがよいであろう。リスク管理と一体となった内部統制とガバナンス体制構築の基本方針は，もとより取締役会で決定すべきものとされている。

会社法の下作成すべき事業報告中では，内部統制の運用状況まで開示を求めるようになった。他方で，上述のように，有価証券報告書に「事業等のリスク」への対応策などの具体的記載が求められる。

事業報告書，有価証券報告書いずれも，「一体的開示」に向かっており，リスク管理と一体をなす内部統制を，構築し，運用し，不断に高度化をはかり，段階ごとに取締役会の承認決議を得るようにするべきである。

　およそ企業のリスク管理には，"定番的な流れ"がある。①「想定リスクを洗い出し・認識し」，②「想定リスクを分析・評価し」および，③「それらのリスクを管理する」という大きな3つのステップである。

　ただ，昨今のグローバル化したビジネス環境下では，海外事業を含め考えておくべきリスクは複雑化，多様化するばかりである。いわゆるリスクベースアプローチを採り，リスク管理に適宜メリハリをつける必要がある。リスクの種類・内容ごとに，優先的に対応すべきリスクを決定していくのもよい。これを図示すると次のようになる。

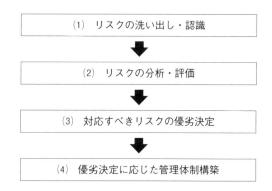

　リスク管理の"流れ"で最も重視すべきなのが，(1)の「リスクの洗い出し・認識」である。このステップで重大なリスクを見落としたりすると，そのあとのステップに移れないからである。そこでリスクの洗い出し・認識に，見落としがちなリスクにつき"気づき"を与えてくれるAI（人工知能）を使うかなどは，検討すべき課題である。

　(2)の「リスクの分析・評価」にもAIを利用すべきであろう。(3)の「対応すべきリスクの優劣決定」も含めて，ここには経営者自身の関与が欠かせない。さらに，(4)の「優劣決定に応じた管理体制構築」は，

これ自体が「リスク管理体制」の高度化の内容をなすので，とくに，(2)，(3)，(4)の各段階において，取締役会の関与，慎重な意思決定が求められる。

7 業種により異なる 経営判断原則の適用

❶ 銀行の意思決定と経営判断原則

　　日本の最高裁判所が初めて経営判断原則について言及したのは，元
銀行役員による特別背任罪の成否が問われた刑事事件においてであっ
た。

　　この事件の事案は次のようなものであった。

　　旧北海道拓殖銀行の代表取締役頭取が，実質倒産状態にあったＳグ
ループの各社に対し，赤字補塡資金等を実質無担保で追加融資した。
当時，Ｓグループの資産状態，経営状態は悪化しており，追加融資を
打ち切れば直ちに倒産する実質的倒産状態に陥っており，被告人ら
（元頭取２名）はこうした窮状を熟知していた。

　　最高裁判所の決定は，融資業務にあたり，銀行の取締役は融資先の
経営状態などを調査し，原則として確実な担保を徴求するなど相当の
措置をとるべきであるとし，その負う注意義務違反の判断には，いわ
ゆる「経営判断の原則」が適用される余地があるとした。

　　一方で決定は，**銀行取締役の注意義務への「経営判断の原則」の適
用は，一般企業の取締役に比べ限定される**とした。

　　それは，銀行業務の性質上，一般企業と同様のリスク取引を行うこ
とは許されないからであり，銀行業務におけるリスク取引の典型例は
無担保融資であるところ，**相手方が正常企業の場合と実質破綻企業の
場合との区別に応じて経営判断の内容は異なる**とされた。

　　実質破綻企業の融資に見合う担保をとるのは一般に困難である。に
もかかわらず無担保融資が認められるとしたら，既存の融資の回収に
必要な費用としての性質を有する場合である。

❷ 司法判断の変化

　経営判断原則が適用される本来の場面ともいうべき民事訴訟，とりわけ株主代表訴訟においても，どのような業種の会社において適用が問題とされたかで適用の基準・要件が分けられている。

　日本で経営判断原則を適用した比較的初期の裁判例においては，経営判断がなされた当時における通常の経営者の有すべき知見および経験を基準としてある行為をするにつき社会的非難可能性がないかどうかを問題にしていたにすぎなかった。

　ところが，比較的近時の裁判例，たとえばニッポン放送株主代表訴訟においては，**「当該会社の属する業界における」**通常の経営者の有すべき知見・経験を基準とするように変わってきた。

　さらに近時の裁判例のうち，ヤクルト本社株主代表訴訟事件（62頁以下参照）で判決は，デリバティブ取引によるリスク管理体制の構築に取締役の幅広い裁量を認めつつ，大略，次のように述べた。

東京高判平成20年5月21日判例タイムズ1281号274頁より

> 　当時のヤクルト本社の財務状況に照らせば，制限に係る想定元本額が不合理といわれるほど巨額であったということもできず，また，デリバティブ取引に係るリスク管理の方法が模索されていた当時の状況においてみると，このようなリスク管理体制は確かに金融機関を対象に大蔵省金融検査部が平成6年11月に発表した「デリバティブのリスク管理体制の主なチェック項目」や日銀が平成7年2月に発表した「金融派生商品の管理に関するガイドライン」には劣るが，他の事業会社においても採られていたリスク管理体制に劣るものではなく，本件デリバティブ取引の中止はこのようなリスク管理の結果であるということができ，これによってヤクルト本社は回復しがたいまでの損失を被るという事態の発生を免れたということができる。当時のデリバティブ取引についての知見を前提にすると，ヤクルト本社においては相応のリスク管理体制が構築されていたといえるので，この点に関する善管注意義務違反は認められない。

❸ 日本振興銀行損害賠償請求事件

　この事件では，ノンバンクからの事業者向け無担保貸付債権の買い取りを承認する銀行の取締役会決議に賛成した取締役の善管注意義務違反が問われた。

　控訴審判決は，原判決（東京地判平成28（2016）年 9 月29日金判1507号26頁）の内容をほぼ認め，大略次のように判示し，報告の善管注意義務違反を認めた。

東京高判平成29年 9 月27日金判1528号 8 頁より

　銀行業が広く預金者から資金を集め，これを原資として企業等に融資することを本質とする免許事業であること，銀行の取締役は金融取引の専門家であり，その知識経験を活用して融資業務を行うことが期待されていること，万一，銀行経営が破綻し，あるいは危機に瀕した場合には，預金者および融資先をはじめとして社会一般に広範かつ深刻な混乱を生じさせることなどを考慮すると，融資業務に際して要求される銀行の取締役の注意義務の程度は，一般の株式会社の取締役の場合に比べ，相当程度高い水準のものであると解するのが相当であり，銀行の取締役に経営判断原則が適用されると解されるとしても，その余地はその分だけ限定的なものにとどまるものというべきである。

　本件各債権買取りは，直接的には融資業務に当たらないとしても，広く預金者から集めた資金を投じた上で，買取債権の債務者他からその回収を図る必要があるものであるから，本件各債権買取りの可否・当否を決定するに当たっては，一般の株式会社の取締役の場合に比べ相当程度高い水準の注意義務が課せられていたと解するのが相当である。

　本件各債権買取りの背景に顧客基盤の拡充という銀行の経営戦略があったとしても，そのことからただちに，取締役に広範な裁量が認められたり，求められる注意義務の程度が軽減されたりするものとは解されない。

　したがって，善管注意義務違反が認められるか否かは，本件買取債権自体（本件買取債権の債務者の経営状況や資産状態等）を調査する

とともに，その信用力に依拠するノンバンクの経営状況等をも調査し，その安全性を確認して本件各債権買取りをし，その安全性を確認して本件各債権買取りを決定したか否か，確実な担保を徴求するなど，相当の措置が講じられたか否かを踏まえ，銀行の取締役として求められる水準に照らし，被告が本件取締役会決議において本件各債権買取りを承認したことが合理性を有するものであったか否かにより判断すべきである。

　本判決は，銀行の取締役は，一般の事業会社の取締役よりも重い注意義務を負い，その分経営判断原則の適用が制限されることを明示し，事例に当てはめ，担保徴求などにおいて注意義務違反があったとした。

❹ アメリカの事例

　アメリカでBJRの適用を認めた裁判例には，かなり前から銀行役員の責任を一般事業会社の役員の場合と分けて論じたものがある。

　1980年代，アメリカでは多くの貯蓄貸付組合や中小の銀行が倒産した。その結果，連邦預金保険公社（FDIC）あるいは整理信託公社（RTC）が預金者に預金保険金を支払うこととなり，1990年代にかけて両公社は支払った保険金分を求償して多数の訴訟を銀行などの取締役や執行役員（D&O）に対して起こした。

アメリカにおける銀行D&Oへの訴訟

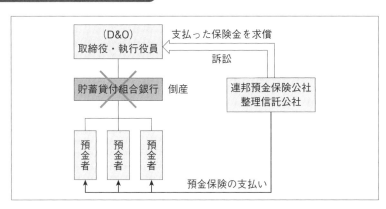

FDICやRTCによる一連の訴訟のなかで浮かび上がってきたのは，銀行D&Oについても，他の企業と同じようにBJRを適用してよいのかという問題であった。**いくつかの州では，銀行D&Oについては，経営判断の原則を適用すべきではないとする。**

　銀行D&Oには，一般企業のD&Oより厳しい注意義務の基準が適用されるべきであるとした裁判例をみてみよう。

　コロラド州デンバーの連邦地方裁判所が1993年11月1日に下した判決は，「銀行以外の一般企業の取締役は，単なる判断上のミスであって，重大過失にならない程度の不注意については責任を問われないが，銀行の取締役は，軽過失についても責任を問われうる」旨判示した。

　こうした裁判例の考え方はこの時始まったものではない。古くは19世紀終わりあるいは20世紀はじめの合衆国連邦裁判所の裁判例には，銀行D&Oによる銀行の業務全般を監視すべき義務を怠った過失に基づく損害賠償義務を認めたものがある。

　またその延長線上には，D&Oの責任は会社の種類・業務によって異なり，銀行D&Oは，一般企業のD&Oよりも重い注意義務を負うとする判例がみられる。その根拠としていわれたのは，**銀行D&Oは株主の財産だけではなく預金者の財産も託されているのだから，より重い義務を課されてもしかるべきだ**という考え方である。

　これらの裁判例によれば，いくつかの州における銀行D&Oにとって経営判断の原則は存在意義のないものとなる。

　つまり，取締役が相当な注意を尽くしたのであればまったく責任を負うことなく，したがってなんらの防御も必要ない。もし取締役が注意義務を尽くしていなかったとすれば，責任を回避するための特別な防御策を必要とするが，経営判断原則に頼ることはできないからである。

8 監査役と経営判断原則

❶ 監査役と経営判断原則の関係

　　監査役による判断に経営判断原則が適用されるわけではない。しかし，同原則を取締役による経営判断に適用するにあたっては，監査役が意思決定過程にどう関わったかが大きく影響する。

　　監査役自身に経営判断原則の適用がないのは，監査役が経営判断を下すわけではないからである。会社法の下で，監査役は取締役の職務執行を監査する職責を課されている。監査の内容は適法性監査に限られ，妥当性の監査には及ばないとするのが従来の多数説である。とはいえ，適法と妥当の境界線はもともとあいまいである。また，取締役（会）は，内部統制システム整備の責任を負っており，この点は取締役の善良な管理者の注意義務の内容をなす。

　　善管注意義務は，取締役と会社の関係が民法上の委任関係であると

適法性監査と妥当性監査

監査役監査の対象：取締役の職務執行（における下図実線円部分）

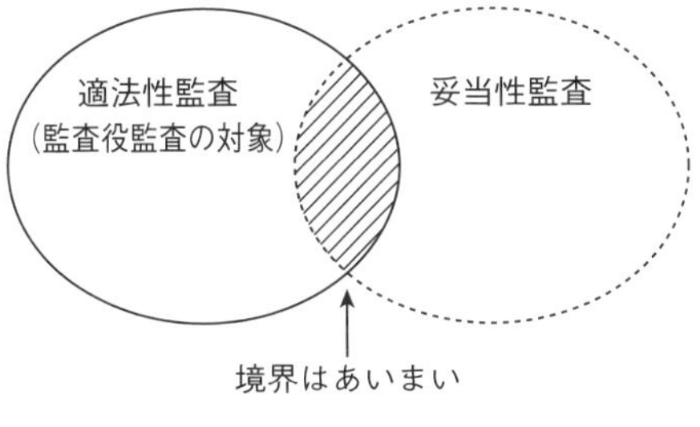

適法性監査
（監査役監査の対象）　　　　妥当性監査

境界はあいまい

※上の図の斜線部分に，著しく妥当性を欠く職務執行，善管注意義務違反，法令の求めるリスク管理体制構築義務違反などがある。

ころからくるので，これに違反するかどうかの判断は適法性監査の問題であるともいえる。

とくに，内部統制の一環として，その会社に適切なリスク管理体制の構築がなされているかが問題になる場合，監査役は内部統制監査の対象としてこれを判断すべきである。いくつかの裁判例が示すように，その会社に求められるリスク管理体制をどのような内容で構築するかは経営判断の問題である。

これを監査するのは妥当性の監査であると同時に，善管注意義務違反の有無を判断する適法性監査でもある。

要するに，**監査役による監査上の判断に経営判断原則が適用されて監査役の善管注意義務違反の責任が減免されるわけではない**。だが，上記のとおり取締役の意思決定のうち経営判断とその妥当性についても監査役監査の対象になる。

そうなると，**取締役会を中心とする取締役による意思決定過程に監査役がどう関与するかが，経営判断が適用されるかどうかのカギを握っている**。

❷ 監査役監査基準の改定

日本監査役協会は，1975年以来，監査役監査基準を定め公表してきたが，2004年，会社法の制定（2005（平成17）年6月）に先立って改定を行った。

同改定は，監査体制を含めたコーポレートガバナンスの質を向上させることを目指す内容になっていた。とくに会社の意思決定への関与を経営判断原則をふまえたものにすべきとの趣旨で，全部で7点の「改定の主要な視点」の冒頭に以下を掲げた。

> 取締役会その他における意思決定に関しては，取締役の善管注意義務履行の判断基準としていわゆる経営判断の原則が判例で定着しつつあることに鑑み，十分な情報と適切な意思決定過程に基づいた合理的決定がなされているか否かという観点を，監査役監査基準に盛り込む

こととした。

そのうえで，監査役監査基準の第19条（現行22条）が次のように規定した。

1．監査役は，取締役会決議その他において行われる取締役の意思決定に関して，善管注意義務，忠実義務等の法的義務の履行状況を，以下の観点から監視し検証しなければならない。

　一　事実認識に重要かつ不注意な誤りがないこと
　二　意思決定過程が合理的であること
　三　意思決定内容が法令又は定款に違反していないこと
　四　意思決定内容が通常の企業経営者として明らかに不合理ではないこと
　五　意思決定が取締役の利益又は第三者の利益でなく会社の利益を第一に考えてなされていること

2．前項に関して必要があると認めたときは，監査役は，取締役に対し助言若しくは勧告をし，又は差止めの請求を行わなければならない。〔現行「～を行う。」〕

---

❸ 監査等委員会設置会社・指名委員会等設置会社と経営判断原則

2014（平成26）年会社法改正で監査等委員会設置会社が導入された。監査役（会）設置会社と委員会設置会社（改正法施行後は「指名委員会等設置会社」という）の折衷型のいわば第三の経営監督機構である。

監査役設置会社における監査役の独立した視点からの意見や指摘が経営判断原則適用上は大きな意味を持つが，監査等委員・監査委員の場合はどうであろうか。

監査役も監査等委員・監査委員も監査を担う"専門職的役員"である点は共通するが，監査等委員・監査委員は取締役であるため，取締役会において議決権を持つ点が重要な違いである。

「監査」を『広辞苑』で引くと「監督し検査すること」と端的な説

明が載っている。こうした本来のことばの意味からしてもおよそ監査に携わる者は，監査の対象になる者から独立して中立的な立場を保たなくてはならない。

裁判官の独立が憲法上保障され，身近なところではスポーツの審判がプレーヤーから独立，中立であることを求められるのと似ている。

独立した立場からの意見がとくに意味を持つのが利益相反状況の下においてである。なぜならば，この場合，利益が相反するのは，会社と業務を執行する者とのあいだにおいてであり，業務執行者と利害関係を同じくする者では適正な判断を下せないおそれがあるからである。監査役の地位が，選解任，任期，報酬などの点において執行からの独立性を保障されているのはこのためである。

監査役だけでなく，監査等委員にも監査に携わる者が当然にもつべき独立性が保障されている。

一方で，改正後はとくに取締役会に期待される最大の役割は利益相反管理である。利益相反的状況にあって，独立性を持った複数の社外役員がダイバーシティのあるさまざまな立場から出す意見が，経営判断原則適用上も大きな意味を持つであろうことは容易にわかる。

ただ，問題は，監査役には取締役会で意見陳述権はあるが議決権を持たない点である。この点に関しては，議決権を行使できない者に適正な監査は無理だとする意見と，議決権を行使しないからこそ監査の実効性が保てるとする正反対の意見が対立している。

議決権の行使なくして監査はできないはずとの意見は，海外の投資家に多い。日本の監査役制度は，グローバルにみればかなりユニークな制度になっており，こうした意見が日本の監査役制度を十分に理解したうえで出されたものかはやや疑わしい面がある。

監査に携わる者が業務執行から独立しているべきだとする世界共通の理念に忠実に沿って考えるならば，取締役会で議決権行使をしないほうがむしろ適正な監査ができるというべきであろう。

よくいわれるように経営は判断である。巨額を投じてメーカーが東南アジアの某国に進出し工場を建設するとの決断は，まさに決定マネ

ジメントである。

　監査役も取締役もこの議案内容につき，意見を述べることができ，必要があればモニタリングの視点で意見を述べなければならない点は同じである。

　仮に，両者共，「某国における地政学的リスク，贈賄規制・コンプライアンスリスクを現地専門家を含め周到に検討したうえでなければこの進出計画には賛成できない」旨の意見を表明したとしよう。

　この意見に対し，議案を提出した執行側は急ぐのでとにかく決議を求めることにしたとする。取締役は「反対」の議決権行使をしなければ筋が通らないが，実際に異議をとどめ反対票を投じるのはまれであろう。監査役の場合は，悪くいえば意見を表明しっぱなしでよい。

　そうなると，監査役のほうが執行から独立した立場で，とくに利益相反的状況の下では忌憚のない意見を出しやすい。業務執行において決定の持つ意味はきわめて大きいものがある。これに議決権行使によって参加しつつ執行からの独立性を保つのは実際上は難しいのではないだろうか。

　監査等委員会設置会社においては，定款に規定を置く場合以外でも法令の許す限り取締役会の付議事項を見直し，経営陣に対する執行権限の委任の範囲を広げるようにすべきであろう。

9 株主代表訴訟と経営判断原則

❶ 株主代表訴訟に経営判断原則の適用が多い理由

　　　株主が株式会社に代わって，その発起人，取締役，監査役，執行役，会計監査人などの責任を追及して起こす訴訟を株主代表訴訟という。

　　　会社法は，株主代表訴訟に，株主の権利行使に関する利益供与の禁止に反して利益の供与を受けた者に対して会社に対する利益の返還を求める訴え，および，取締役と通じて著しく不公正な払込金額で募集株式を引き受けた引受人などに対する公正な価額との差額などの会社への支払いを求める訴えを加えて，共通の規律の下に置いている（847条）。

　　　経営判断原則が適用された裁判例をみると株主代表訴訟が多いことに気づく。それは，同訴訟が取締役など役員個人の会社に対する責任を追及する訴訟だからである。一方で，経営判断原則は，取締役が経営判断を行うにあたって広い裁量権を認め，会社に損害をもたらす結果になったとしても，当時の状況に照らして前提となる事実認識に不注意な誤りがあるなどの事情がない限り，取締役は善管注意義務・忠実義務違反による責任を負わないとする原則である。

　　　株主代表訴訟で同原則適用の有無が問題にされるのは当然といえば当然のことといえる。

❷ 訴訟対策としての経営判断過程の適正化

　　　株主代表訴訟は，取締役など個人の責任を追及する訴訟であるが，会社にも大きなリスクをもたらし得る。それは，この訴訟を起こせる者には，さまざまな「属性」を持った株主が含まれるからである。

　　　たとえば，敵対的企業買収の攻防は，TOB（株式等公開買付け）

が仕掛けられたり，株式・議決権の奪い合いの様相を呈することが多いが，買収者は現経営陣を攻撃する手段として株主代表訴訟を起こしたりする。会社の内紛絡みで，現経営陣に敵対する者が同様に株主代表訴訟を起こすことも考えられる。また，人事面での恨みを晴らすために元従業員株主が訴えを起こすこともできる。

　上場会社で株式が公開されていれば，誰が株主になってもおかしくない，外国のアクティビストファンドが株式を取得することもあるし，反社会的勢力が取得するとしても会社が阻止することはできない。

　さらに，株主代表訴訟を起こすためには訴訟の原因となった行為の時点で株主である必要はない。本訴訟にかかる時効は10年と考えられているので，6カ月間の株式保有継続要件を考えても，ある企業不祥事の約9年半後に1株だけ取得し，株主代表訴訟を起こすことは可能である。

　会社にとって好ましくなく，株主全体の利益を損ないかねない株主代表訴訟が誰の手によって起こされるかの予測は難しい。

　そこで，取締役の責任を追及する**株主代表訴訟が起こされた会社においては，株主の「属性」や同訴訟が会社に与え得る不利益を考え，被告・役員側に補助参加すること**を検討しなくてはならない。これを裁判所が認めるかどうかを決めるにあたっても，経営判断原則の適用が決め手になる。

❸ 担保提供命令の可否と経営判断原則

　経営判断原則適用の有無が問題とされるのは，株主代表訴訟のいわば実体的中身部分においてだけではない。同訴訟の手続的問題である担保提供命令や会社による役員側補助参加の可否判断においても同原則が使われる。

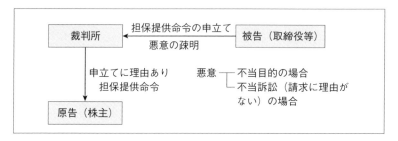

　担保提供命令の申立ては，株主代表訴訟で被告とされた会社役員側の"防御策"の一環としてなされることがある。

　担保提供命令の申立て（会社法847条7項）が認められるためには，訴えの提起が「悪意によるものであること」が必要になる。「悪意あり」とするためには不当目的と不当訴訟の双方が必要とする裁判例と，そのいずれか一方のみでよいとする裁判例がある。

　明らかな法令違反はなく役員の善管注意義務違反が主張される場合で，本案訴訟において経営判断原則が適用され得る事案にあっては，担保提供命令が下されることがある。

　系列ノンバンクに対する支援に関する代表訴訟に関し，担保提供を命じた裁判例は次のように述べている。

名古屋地決平成7年9月22日資料版商事法務139号21頁より

　A銀行が本件債権放棄を選択するに当たっては，（中略）事実の認識はもちろん，A銀行にとっての利害得失を銀行内部でも外部の専門家にも十分意見聴取をして判断したことが認められる。そして，右のような事実関係の下では，代表取締役としてその選択判断にあたったYには右経営判断の前提となった事実認識に不注意な誤りがあったとか，その事実に基づく意思決定過程が著しく不合理であったとする事情は認められず，取締役の経営判断に許容される裁量を逸脱したとは言えないのである。

❹ 株主代表訴訟と利益相反管理

　　株主代表訴訟は特殊な訴訟である。会社が補助参加の申立てをするか，和解にどう対応したらよいかなど，この訴訟にどう関わったらよいかを決定するにあたっては，利益相反管理をつねに頭に入れて行わなければならない。

　　この場合の利益相反管理は，わかりやすくいえば，**訴訟における会社にとっての"敵"と"味方"の見極めを正しく行い，対応を誤らない**ことに尽きる。

　　株主代表訴訟において原告は株主であり，被告は役員等，すなわち取締役，会計参与，監査役，執行役または会計監査人に加えて，通常の場合と異なり，設立段階における発起人や清算段階における清算人なども入る。会社自身はこの訴訟における直接の当事者ではないが，原告が勝訴した場合に賠償金は被告から会社に対して支払われる。原告の株主には裁判で勝っても賠償金は支払われない。

　　株主代表訴訟の特殊性を手続面から説明してみよう。株主代表訴訟は，会社が役員等に対して自ら訴訟を起こさない場合にのみ起こすことができる。まず株主が会社に対して書面によって特定の取締役あるいは監査役等に訴えを起こすことを請求することができる（会社法847条1項）。これに対して会社が一定期間内に訴えを起こさなければ，そこではじめて株主に代表訴訟提起権が生じる（同条3項）。

株主代表訴訟の当事者関係

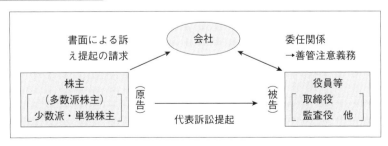

会社はみずから役員等の責任を追及するために訴えを起こさなかっ

たとしても，その結果起こされる株主代表訴訟に利害関係を持ち続ける。それだけではなく，とりわけ会社の意思決定の当・不当やそのプロセスが争点になる株主代表訴訟においては，会社が訴訟の勝敗につき鍵を握る。取締役会議事録や稟議書をはじめとする重要証拠類はほとんど会社が保有するからである。

　株主代表訴訟が進行する間，会社は，補助参加が認められる場合（会社法849条）を除き，原則として"敵方である"役員側に立つことはできない。理論的にいえば被告となった役員等を会社が「支援」するならば，別の会社法違反を生じさせるおそれがあるからである。

　会社が役員の会社に対する責任を軽減・免除しようとすることには，株主代表訴訟における会社による役員の直接的「支援」以外の場合にも共通する利益相反的問題が潜んでいるといわなくてはならない。

　株主代表訴訟における「支援」が明らかな金銭的支出を伴うことから問題とされてきたのが役員賠償責任保険の保険料支払いである。この保険は役員が第三者や会社に対して負うことのあり得る損害賠償責任をカバーするためのものだが，会社に対する場合には保険料の負担につき会社法上の問題が生じる。いわば**被害者として損害を受けるべき立場にある会社が自らそのための保険につき保険料を支払うのは，利益相反行為になり得る**からである（関連して，29頁参照）。

❺ 経営判断原則を適用して会社の補助参加を認めた裁判例

　株主代表訴訟は，会社に代わって株主が起こす訴訟である。株主・原告がこの訴訟に勝てば会社に賠償金や不当利得分の金銭が支払われるのであるから，会社の利害は原告のそれと一致すべきである。理論上は確かにそうなるはずである。

　実際はというと，**原告・株主の主張するとおり取締役による意思決定に違法があったと裁判所が認定するならば，金銭でははかり知れないほどの不利益**が会社に生じ得る。

　一定の場合には，会社の利益を守るため会社が被告・役員側に補助参加することを認めるべきではないかが論じられてきたのはこのため

である。

　裁判例のなかには，東京地方裁判所（平成12（2000）年4月25日決定（判時1709号3頁））のように，被告側に補助参加すると決定するのも一種の経営判断であって，会社の意思決定の適否そのものが争われる場合には，原則として会社が被告・役員側に補助参加する利益を認めることができるとしたものがある。

　この事件で原告・株主は，銀行が取引先に融資をするにあたり，担保差し替えの求めに漫然と応じて多額の損害を被ったこと，および経営状態が悪化していた別の金融機関に対する奉加帳方式による出資を大蔵省主導の下で漫然と行い出資相当額の損害を被ったことなどにつき，銀行の当時の取締役および監査役に対し，善管注意義務違反などを理由とする損害賠償を求めて株主代表訴訟を起こした。

　銀行は被告らを補助するために参加を申し立てた。

　決定は，経営判断原則に基づくかたちで，補助参加を認める理由を，大略，以下のように述べた。

東京地決平成12年4月25日判時1709号3頁より

　株主代表訴訟において会社が原告側に参加するか，中立的な立場をとるか，あるいは被告側に補助参加するかは，当該会社の意思決定者において行うべき一種の経営判断であり（中略）会社の意思決定の適否そのものが争われるような類型の株主代表訴訟にあっては，会社の補助参加を認める方が訴訟資料を適切に法廷に顕出することを可能にし，むしろ適正・迅速な訴訟の進行に資する。（中略）株主代表訴訟において会社の意思決定の適否が争点とされ，右争点に対する裁判所の判断が当該会社に及ぼす影響の内容，程度が重大なものである場合には，会社が被告である役員に補助参加する利益を認めることができる。

　また，より実質的に参加の利益を認める根拠として，決定は，問題とされた損害はいずれも銀行の正規の意思決定過程を経た会社の経営

判断に基づいて行われた行為についてであったこと，不当な経営判断であったと主張されている内容は，取引先への融資と銀行への出資という銀行にとっての基幹業務に関し重要な経営判断と評価できること，さらに，こうした重要な経営判断が不当と判断されるならば，銀行の信用に悪影響を及ぼすだけでなく，今後の融資・投資業務方針にも影響を与えること，を挙げた。

　その後，最高裁判所の決定（平成13（2001）年1月30日判時1740号3頁）が出るに至り，少なくとも取締役会の意思決定の違法性が争われる場合には原則として補助参加を認めるのが判例となった。

　さらに2001年12月に成立の改正商法（2002年5月施行）で，**監査役全員の同意があれば補助参加が認められる**ことになり，会社法に引き継がれている。ただ，民事訴訟法の下で会社に補助参加の利益があることは依然として必要である（同法42条）。

10 マニュアルとして対応を整理

　前項までで訴訟を題材に経営判断原則の適用をみてきたが，以下に，いざというときのための対応の心得を，マニュアルのかたちで示しておく。

経営判断原則対応実践マニュアル

1－1　経営判断が合理的・合法的であることについて証拠を残す
　① 合法的であることの証拠として外部第三者の法律意見書，会計意見書などを取っておく
　② 社内ルールに則っていることを検討し，法務セクションなどによる検討結果を残しておく
　③ 利益相反状況を確認検討した証拠を残す

1－2　経営判断の内容面の合理性についてやっておくべきこと
　① 経営判断に経済合理性があることについて，積極説，消極説，折衷説を立案し，これを討議シミュレーションをした証拠を残す
　② 判断を下した当時の企業人としての判断として妥当であったことを示す証拠を残す
　　……業界紙，経済誌など
　③ 十分な事前の情報収集と分析の証拠を残す
　　……企業買収場面であれば周到なデューデリジェンス（D.D.）を行い，外部専門家の作成したD.D.報告書などを取り，取締役会などの配布資料にする
　④ 経営判断の結果，会社にもたらすメリット，デメリットにつき定量的にも具体的にわかりやすく分析しておく
　　……子会社支援の場面であれば，子会社の倒産を防ぐことができる反面，支援に失敗すれば企業集団としてのレピュテーション・リスクが生じてしまう。こうした定性的な分析に加え，定量的にどの程度の売上高の減

少につながるおそれがあるかを具体的に示せるようにする

……より具体的には，再建計画の内容（貸付金の支払猶予，新規貸付け，担保・保証の提供，第三者割当増資他）の妥当性を検討する

デメリットとして出資の無価値化，余剰人員の発生，グループ取引先の信用低下（取引・契約喪失など）を数値化する

❶ 裁判官が理解できることを想定

　概して法律家は数字に弱い。法学部出身者が圧倒的に多いからであるが，もちろん例外はある。近時，経済学部や商学部さらには理系の学部出身の裁判官も増えてきている。そうした例外的な裁判官にとっても苦手意識が強く働くのが，会社内部で起こる法律問題の処理である。

　会社の勤務経験もまったくない裁判官がほとんどで，悪くすると想像の世界の問題として扱うしかなかったりする。とくに，想像すらしにくいのが経営の"奥の院"ともいうべき取締役会である。

　筆者の経験でいうと，社外役員として出席してきた計10社近い会社の取締役会は，やり方から雰囲気まで，ほぼあらゆることが各社それぞれ異なっている。何十年も顧問弁護士を務めたあとで社外監査役になった会社の場合でも，実際に取締役会に出席してみてはじめてわかったことが数多くある。

　経営判断原則の適用を受けようと思えば，**裁判官をはじめとする"部外者"に意思決定の内容とプロセスを理解してもらわなくてはならない**。そのためには，わかりやすいことがいちばんである。わかりやすさをどのような物差しで考えたらよいかといえば，**社外役員にもわかりやすいかどうかを基準に考えればよい**。

　事前および取締役会の場で説明に使う資料は定性的だけでなく定量的な分析結果を数字を使って具体的に示せるかどうかである。**独立性を持った社外役員にわかりにくい資料であれば，裁判官にはさらにわかりにくいと考えるべきである**。

　定量的にも数字を示しながら，具体的にこれから行おうとしている

新規プロジェクトなどにおけるプロとコン（賛否両論）を取締役会の場に示すことである。こうすることによって，十分な説明がなされ検討が行われたと思ってもらえる可能性が高まる。経営判断原則適用上最も重視されるべき点である。

❷ 訴訟の証拠として認められるレベルに

　民事訴訟における重要な原則に弁論主義がある。弁論主義の下では当事者が主張責任を負うから当事者が主張しない事実は裁判の基礎にすることはできない。

　取締役会による会社の意思決定の当・不当が争われる事件においては，**意思決定の前提となった事実調査，意思決定プロセスとしての討議内容など**が経営判断原則適用の要件事実になる。同原則の適用が問われた訴訟の判決を読むと，問題とされた企業結合などが行われた「当時の業界を取り巻く環境」といった事実が詳細に認定されていて驚く。

　裁判所の下した判決中の事実摘示には違いないが，弁論主義の下，裁判官が職権で調べた事実は含まれておらず，すべて当事者が証拠とともに主張した事実のみが内容となっている。株主代表訴訟であれば被告＝役員側に有利となる主張を裏づける事実であるから，被告側で証拠を保存・保管し，あるいは足りないところはあとから収集するなどしなくてはならない。

　取締役会に限らず経営会議などにおける配布資料は，その会議の際に実際に使ったものであることを後日証明できるようにしておくべきなのはこのためである。株主代表訴訟は，きわめて厳しい対立的雰囲気のなかで行われるので，原告＝株主側は，被告の提出するこの種の証拠書類につき，裁判になってから有利になるように作り直したあるいはそもそもなかったものをつくったのではと攻撃をかけることが多い。

第3章

経営判断原則を意識した
取締役会運営

1　会社の意思決定を取締役会で行う意義

❶ コーポレートガバナンス改革と経営判断原則

　2014（平成26）年会社法改正は，コーポレートガバナンス改革を最大の旗印に掲げて行われた。日本企業のガバナンスを向上させるために何が必要かといえば，会社の重要な意思決定を担う取締役会を変えることである。

　取締役会を活性化するには，その構成メンバーに社外取締役を加えるのがいちばんであると一般には考えられている。そこで，改正法案の作成に向けた要綱（案）づくりの段階から，最も議論を呼んだのは，社外取締役を法律で義務づけるべきかどうかの点であった。

　法律による義務づけは見送られることになったが，策定途上にあるコーポレートガバナンス・コード（CGコード），証券取引所規則などのソフトローによって，**独立した複数の社外取締役を事実上強制する内容のルールづくり**が進められている。改正会社法にも，"コンプライ・オア・エクスプレインルール"に基づいて，定時株主総会で「社外取締役を置くことが相当でない理由」を口頭説明しなくてはならないとする規定が盛り込まれた。

　社外取締役を置きさえすれば取締役会が活性化し，ガバナンスの質が向上するというものではない。過去には，複数の立派な社外取締役がいながら大きな会計不祥事を起こした会社の例もある。

　社外取締役は業務執行に携わることなく，ほとんど取締役会を通じてのみ行動する。社外取締役がいかに取締役会の場で実質的な議論に加わり，期待される役割を果たせるようにできるかが，ガバナンス改善の鍵を握るといってよい。

　そうした**取締役会の活性化に向けた会社にとってのいわば行動準則**

にあたるのが経営判断原則である。同原則が適用された裁判例をもとにケーススタディをすることで，重要な意思決定の場面ごとに何をどこまでやれば善良なる管理者としての注意義務を果たしたことになるのかを知ることができるからである。

❷ 取締役会での意思決定と経営判断原則の適用

第2章の40頁以下において裁判例を通じてみたように，経営判断原則が適用され取締役の善良なる管理者の注意義務違反がなかったこととされるためには，**社外役員も審議に加わった取締役会において意思決定を行うのが有利である。**

取締役の会社に対する損害賠償責任を追及する株主代表訴訟の多くで原告＝株主側は，意思決定を取締役会で行うべきであるにもかかわらずこれを行っていないとの法令，内規違反を責任原因として挙げる。

経営判断原則は，適正な意思決定過程を重視するが，意思決定をすべき機関の選択において法令や定款・内規違反があればそれだけで本原則の適用は難しくなってしまう。

そのため，法令，定款・内規の解釈上取締役会の決定事項とみるべきかどうかは微妙で，あとあと取締役の責任追及につながりかねない**特別重要案件を決定すべき場合であれば，ともかく取締役会に議案としてかける**のがよい。ただ，そうするためには，取締役会規則（規程）から見直すことも必要になる。

取締役会で意思決定を行うことが，とくに経営判断原則を適用するうえで意味を持つのは，独立・社外役員の関与を期待できるからである。同原則は，取締役がいわば独断専行的に重要な事項を決定したところ，判断ミスで会社に多大の損失をもたらしてしまった場合には適用されにくい。

反対に，外部の専門家の意見を参考にし，独立した立場の社外役員も出席する合議体で慎重な審議を尽くしたときには，たとえ判断が裏目に出て結果として損失が生じたとしても取締役の注意義務違反は問われないですむ。

会社法の下での「大会社」の場合，監査役は3名以上で半数以上は社外監査役でなければならない。その社外監査役の「社外」要件は，平成26（2014）年6月に成立した改正会社法で「独立性」を加味するように変わった。

　改正により，取締役会と会社の利益相反的場面を中心として，取締役会での決定に経営判断原則の適用がより受けやすくなった。

❸ 取締役会の権限

　のちに株主代表訴訟が起こされ，意思決定に加わった取締役の責任が追及されかねない状況の下では，とくに経営判断原則の適用を意識するのであれば，なるべく取締役会での決定にもっていくのがよい。

　取締役会の権限は，会社法が明定している。すなわち，委員会設置会社でない会社の取締役会は，すべての取締役で組織し，取締役会設置会社の業務執行の決定，取締役の職務の執行の監督，および代表取締役の選定および解職の職務を行う（同法362条1項・2項）。

　さらにこのタイプの会社の場合，取締役会は，業務執行の決定を代表取締役などの特定の取締役に委任できるが，重要な財産の処分および譲受け，多額の借財，支配人その他重要な使用人の選任・解任など会社法に定めるその他の重要な業務執行の決定を委任することはできない（同法同条4項）。

2 2014（平成26）年 会社法改正と経営判断原則

❶ 改正の要点

2014（平成26）年6月20日に参議院で可決，成立した改正会社法は，2015年5月1日から施行になった。

同改正は，2つの大きなテーマを持っていた。1つは企業統治のあり方の見直しであり，他の1つは，親子会社に関する規律の整備である。本書のテーマである経営判断原則の適用を受けられる会社の意思決定については，第一の改正テーマがより大きく関わっている。

本原則の適用は，取締役会の場での意思決定をいかに充実させられるかによるといってよく，社外取締役・社外監査役などの意思決定場面での関与が鍵を握るからである。

改正後，「社外」役員が，取締役会をマネジメントボードからモニタリングボードへなるべく近づけられるならば，経営判断原則適用の可能性は増大するとみられた。

より具体的に改正法の下での経営判断原則適用場面を考えてみよう。

❷ 企業集団内部統制の"強化"と経営判断原則

2014年改正法は，取締役または取締役会は，株式会社およびその子会社からなる**企業集団の業務の適正を確保するために必要なものとして法務省令で定める体制の整備についての決定を各取締役に委任することができないものとした**（348条3項4号，362条4項6号，416条1項1号ホ）。

改正で企業集団内部統制の整備についての決定を法務省令（会社法施行規則）ではなく会社法において義務づけるかたちにしたものである。これによって，企業集団内部統制の整備がいわば格上げされてよ

り重視されるようになったわけで，いわゆるアナウンスメント効果が
生じる可能性がある。

　つまり，これまで以上に子会社の不祥事などについて親会社取締役
の責任を追及しやすい雰囲気が生まれることが予想された。

　これまで経営判断原則が適用された裁判例には，子会社・グループ
会社の支援やグループ再編など，企業集団に関わる法律問題を扱った
ものが多い。

　2014年改正会社法の施行後は，企業集団内部統制についての株主の
関心はいっそう高まり，子会社による不祥事を防止できなかった親会
社取締役の責任を追及する株主代表訴訟がさらに増えるものと予想さ
れた。

　そうなると，**海外子会社を含めてグローバルな企業集団での不祥事
防止体制，コンプライアンス体制**を親会社の判断でしっかり行わなけ
ればならなくなり，経営判断原則の適用をより意識した意思決定が求
められる。

❸ 多重代表訴訟と経営判断原則

⑴　多重代表訴訟の解禁

　企業集団内部統制の"強化"と表裏をなす関係にあるのが，2014年
改正法の導入した**多重代表訴訟制度**である。

　グループの子会社において不祥事が発生し，親会社を含めグループ
全体のブランド価値を大きく毀損しかねない損害を発生させたとする。
親会社の株主の一部が不祥事について経営陣の責任を株主代表訴訟に
よって追及しようとしても，改正前の会社法の下では，企業集団内部
統制構築義務違反を理由に親会社役員を訴えることはできても，子会
社の役員を被告として同訴訟を起こすことはできなかった。多重代表
訴訟が認められなかったからである。

　2014年改正法は多重代表訴訟をいわば解禁したのであるが，これに
は，いわゆる濫訴を防止するための「1％要件」や「総資産額の5分
の1要件」が厳しく設定されている。

すなわち，2014年改正法は，株式会社の完全親会社（847条の3第2項・3項）であって，その完全親会社等がないもの（最終完全親会社等と定義されている（同条1項））の総株主の議決権または発行済株式1％以上を有する株主（1％要件）は，特定責任に係る責任追及等の訴えの提起を請求することができるものとした（同項）。

　そして，特定責任とは，取締役ら（その定義については，847条1項参照）の責任の原因となった事実が生じた日において，最終完全親会社等およびその完全子会社等における当該株式会社の株式の帳簿価額が当該最終完全親会社等の総資産額の5分の1を超える場合における当該取締役らの責任をいうもの（総資産額の5分の1要件）としている（847条の3第4項）。

多重代表訴訟

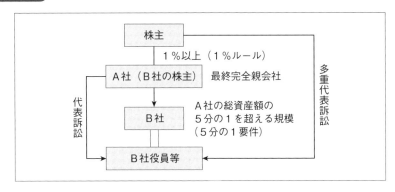

(2) 海外子会社にも訴訟リスク

　さらに，多重代表訴訟の対象は「株式会社」の役員などでなくてはならない。株式会社は日本の会社法の下で設立された企業形態の一つなので，外国法の下で設立された海外子会社は含まない。ということは，海外子会社の役員などを被告とする多重代表訴訟は起こせないかというと，そう単純ではない。

　それは，**多重代表訴訟が提起された外国の民事訴訟ルールによって決まる可能性が高い**からである。リスクは，日本よりずっと前から多

重代表訴訟を会社法で許容してきたアメリカやフランスにおいて高い。

　アメリカでは，日本企業の在米子会社の役員が被告となった多重代表訴訟が，会社法施行（2006（平成18）年5月）前の商法時代から何件か起こされている。そのうちの1つで，日本の大手自動車メーカーの在米子会社役員が訴えられた事件の控訴審判決（Batchelder v. Kawamoto et.al., 9 th Cir. 1998.7 .15）は，日本の上場企業のADR保持者の原告適格の判断を日本法によることとし，原告の請求を却下した。

　親会社株主の権利については，内部関係法理（internal affairs doctrine）によって親会社の設立準拠法である日本法が適用されるというのが根拠であった。

　今後，同様の多重代表訴訟がアメリカで起こったとする。アメリカの裁判所は内部関係法理によるであろうが，日本法が多重代表訴訟をともかく解禁したことだけを重くみて原告適格を認めるおそれがある。在米子会社が日本の「株式会社」でないことをどれだけ考慮してくれるかは保証のかぎりではない。

　多重代表訴訟における当事者の利益相反状況，利害関係は通常の代表訴訟の場合よりもさらに複雑である（前頁図参照）。だが，経営判断原則適用の視点でいうならば，通常の場合と大きく変わるところはない。

　子会社において不祥事があり，それによって親会社に損害を生じさせたことを原因とする多重代表訴訟の場合で考えてみる。この場合，**被告とされた子会社の取締役が子会社としての内部統制システム整備に注意を尽くしたかどうかがもっとも問われる**であろう。

　同整備が親会社による企業集団内部統制整備の一環として親会社の基本方針と指図の下に行われたのであればそのことも考慮されることになるであろう。

❹ 2014年改正法の求める利益相反管理と経営判断原則

　2014年改正会社法は，いくつかの場面で利益相反管理をより厳しく

求めている。経営陣と会社の利益相反，あるいは子会社少数株主の利益保護といった問題の処理には，独立した社外取締役の意思決定への関与が求められる。

MBO（マネジメント・バイアウト：経営陣による会社支配権の取得）とともに少数株主のスクィーズアウト（直訳すると"締出し"）に用いられる全部取得条項付種類株式の取得に関し，改正法は次のような規定を設けた。

すなわち，事前備置手続（171条の2），事後備置手続（173条の2）等を設けるとともに，その取得が法令または定款に違反する場合において，株主が不利益を受けるおそれがあるときは，株主は差止めを請求することができるものとした（171条の3）。また，全部取得条項付種類株式の取得価格決定の申立ては，取得日の20日前の日から取得日の前日までの間にしなければならないものとし（172条1項），その申立てをした株主は171条1項の株主総会の決議により定められた取得対価の交付を受けないものとした（173条2項）。

MBOにおいては，経営陣が会社の株式を買い集めるので，なるべく低い価格で取得したいため意図的に株価を引き下げているとの疑いを招きかねないとされてきた。また，これに伴うスクィーズアウトにさいしても，従来，株式買取請求権または価格決定請求権が確保できないおそれがあると指摘されていた。

そのため，MBOに関してはとくに「意思決定過程における恣意性の排除」をどう図ったらよいかが論じられてきた。経済産業省・企業価値研究会「企業価値の向上及び公正な手続確保のための経営者による企業買収（MBO）に関する報告書」（経済産業省）は，「（社外役員が存在する場合には）当該役員，又は独立した第三者委員会等への諮問（又はこれらの者によるMBOを行う取締役との交渉），及びその結果なされた判断の尊重」，「意思決定方法に関し，弁護士・アドバイザー等による独立したアドバイスを取得すること及びその名称を明らかにすること」などを提言したことがある。

経営判断原則の各論的適用場面の1つといってよいであろう。

❺ 「MBO指針」の改訂

　2019年6月28日，経済産業省は，2007年9月4日に策定した「企業価値の向上及び公正な手続確保のための経営者による企業買収（MBO）に関する指針」（「MBO指針」）を改訂し，「公正なM&Aの在り方に関する指針―企業価値の向上と株主利益の確保に向けて―」を制定した。

　MBO指針は，MBO（management buyout）に関する公正なルールのあり方を示してきたが，制定後約12年間の実務の発展，企業を取り巻く社会経済情勢の変化などを踏まえて見直したものである。

　改訂指針は，公正なM&Aのあり方を明示し，M&Aの予見可能性を高め企業価値を向上させることなどを目的とする。

　これらの目的実現のためM&Aを行う上で尊重すべき原則として，「企業価値の向上」および，「公正な手続を通じた一般株主利益の確保」の2つを掲げている。

　後者の原則のいう「公正な手続」の内容をより具体化した基本的な視点として，「取引条件の形成過程における独立当事者間取引と同視し得る状況の確保」と「一般株主による十分な情報に基づく適切な判断の機会の確保」を挙げている。

　従来のMBO指針からの変更点は，以下の3点にあるとされる。

(1)　支配株主による従属会社の買収について新たに指針の対象取引に追加になった。

(2)　公正担保措置の機能や望ましいプラクティスのあり方としての特別委員会の設置については，より詳細な整理がなされた。

(3)　アメリカにおける実務を踏まえ，従前取り上げられていなかったところのフェアネス・オピニオンの取得などが，公正担保措置として新たに取り上げられた。

　公正担保措置として具体的に取り上げられた内容は，外部第三者の意見書の取得など経営判断原則を適用した裁判例が挙げた適用ファクターと共通する点を含んでいる。

　とくに，改訂指針が「特別委員会」は，社外取締役のみで構成し，

M&Aに関する専門性はアドバイザーなどから専門的助言を得ること
などによって補うこととしている点は，CGコード原則1－6や同原
則4－8の内容に照らすとき，興味深い。

❻　株式買収価格の決定に関する裁判例―ジュピターテレコム事件最高裁決定他

　　MBOの場合は，とりわけ経営陣が株式を取得して会社の支配権を
手に入れようとするので，取得価格決定が恣意的に行われないように
しなくてはならない。

　　このように経営陣と会社あるいは多数株主と少数株主間の利益相反
が問題となる株式取得価格の決定については，以下に紹介する最高裁
判所＜一小＞平成28年7月1日ジュピターテレコム事件決定が重要で
ある。

　　同決定は，2014年会社法改正前に起こった事実関係に基づいている。
大阪証券取引所JASDAQスタンダード市場に上場している株式会社
の株式を相当数保有する株主が，株式等の公開買付けを行い，その後
に同社の株式を全部取得条項付種類株式とし，同社が株式の全部を取
得する二段階取引において，公開買付けが一般に公正と認められる手
続により行われた場合における会社法172条1項にいう「取得の価格」
が争われた。

　　最高裁判所決定は，大略，以下のように述べ，一般に公正と認めら
れる手続を経ている場合には，原則として公開買付価格を取得の価格
とするとした。

最決＜一小＞平成28年7月1日判時2321号121頁より

　　多数株主が株式会社の株式等の公開買付けを行い，その後に当該株
式会社の株式を全部取得条項付種類株式とし，当該株式会社が同株式
の全部を取得する取引において，独立した第三者委員会や専門家の意
見を聴くなど多数株主等と少数株主との間の利益相反関係の存在によ

り意思決定過程が恣意的になることを排除するための措置が講じられ，公開買付けに応募しなかった株主の保有する上記株式も公開買付けに係る買付け等の価格と同額で取得する旨が明示されているなど一般に公正と認められる手続により上記公開買付けが行われ，その後に当該株式会社が上記買付け等の価格と同額で全部取得条項付種類株式を取得した場合には，上記取引の基礎となった事情に予期しない変動が生じたと認めるに足りる特段の事情がない限り，裁判所は，上記株式の取得価格を上記公開買付けにおける買付け等の価格と同額とするのが相当である。

　ここに示された算定式を踏襲する裁判例は，その後いくつか出ている。たとえば，ウライ株式買取価格決定申立事件大阪高決平成29（2017）年11月29日（金判1541号35頁）は，MBOとして行われた公開買付けおよび株式併合による二段階買収において，会社法182条の5第2項による株式の買取価格が公開買付価格と同じとした。

　本決定は，京都地裁の原決定を引用しつつ，独立の第三者委員会や第三者算定機関の意見を聴くなど，恣意的な意思決定過程を排除するための措置が講じられ，本件公開買付けに応募しなかった株主の保有株式につき株式併合により公開買付価格と同額の対価を交付する旨公表していたことなどから，一般に公正と認められる手続により公開買付けが行われたと認められるとして，株式買収価格を公開買付価格と同額とした。

　また，MBO当時，会社の事業継続に疑義が生じていたので純資産方式により価格を決めるべきとの申立人の主張について，MBOが会社の低迷する経営環境を改革し事業を継続するためになされ，事業停止や清算はまったく予定されていなかったなどとして，会社の事業継続に疑義が生じる状況であったとは認められないとした。

❼ モニタリングボードに向けて

　モニタリングは，「警告する」を意味するmonitを原義とし，「監視」をひろく表す。ボードは，ボード・オブ・ディレクターズすなわち取

締役会のことであるから，モニタリングボードでは「監視（する）取締役会」が直訳である。いま日本では，改正会社法が2014（平成26）年に成立したこともあり，株式会社の取締役会をマネジメントボードからモニタリングボードへ変革できるかどうかが問われている。

　監視・監督機能を取締役会が十分に発揮できるかは，独立した社外役員がどれだけ機能するかにかかっている。しかし，従来，日本では取締役会の構成員のほとんどが社内出身者で占められてきたため，いわばモニター役として社外取締役の選任義務づけが検討された。2015年5月から施行になった改正会社法は，議論の末義務化を見送ったが，義務化への方向性は明確に示すことになった。

　まず2014年改正法附則は，施行後2年が経過した時点で社外取締役の義務化について改めて検討することにした。また社外取締役を置いていない上場会社等は，改正法施行後の定時株主総会においてこれを置くことが相当でない理由を説明しなくてはならないとした。社外取締役がいないほうがむしろよい旨を説明しなくてはならず，各事業年度の状況に応じて具体的に説明するのはかなり難しいとみられた。

　2019年12月4日に国会で可決，成立した改正会社法には，社外取締役を1名以上置くことを義務づける規定が入った。

　東京証券取引所の『コーポレート・ガバナンス白書2019』によれば，社外取締役を選任している会社は，同取引所上場会社のうち97.7％に上った。独立社外取締役を選任している会社は93.6％である。

　モニタリングボードメンバーは業務を執行する者から独立していることが望ましい。この理屈は，スポーツの審判がプレーヤーから独立していなければならないのと似ている。従来会社法が求めてきた「社外」役員の要件は，2014年改正で「親会社等の関係者」を除くなど「独立性」を加味する一方で，「10年」の"冷却期間"を置くことで過去要件を緩和した。

　これまで社外・独立の取締役がいない取締役会でモニタリング機能が行われなかったかといえばそうではない。監査役（会）設置会社における監査役は取締役会への出席義務・意見陳述義務を負い，会社法

の下での「大会社」（資本金5億円以上または負債総額200億円以上の株式会社）では，半数以上は「社外」でなくてはならない。その「社外」要件も今回の改正で変わったことから，社外監査役がより独立した立場から取締役会でモニタリング機能を果たすことを期待できる。

とはいえ，監査役は取締役会で議決権を持たず，真のモニタリングになるのか疑問視する向きもある。この点，改正で導入された監査等委員会設置会社の同委員会は，最低3名の構成員のうち過半数が社外取締役でなくてはならず，委員は議決権も持つので，取締役会改革は前進すると期待された。

2014年改正を契機として，**日本の会社の取締役会は，モニタリングボードへの急変身は無理だとしても，ダイバーシティを持たせ活性化させていく必要がある**。経営判断原則適用のためにはとくにそうである。

監査等委員会設置会社の機関構造

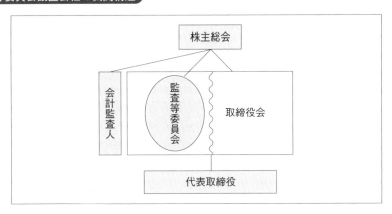

CGコードは，基本原則4において上場会社の取締役会の役割・責務の一つとして，「独立した客観的な立場から，経営陣（執行役及びいわゆる執行役員を含む）・取締役に対する実効性の高い監督を行うこと」を挙げている。モニタリングボードを指向するものといってよい。

❽ ガバナンス強化に向けた改正内容

コーポレートガバナンスの強化に向けた2014年法改正をまとめると以下のようになる。

第一に，取締役会の監督（モニタリング）機能強化である。この目的達成に最も有効なのが社外取締役の積極的活用であるとされることから，改正法は，**社外取締役を置いていない上場会社等の取締役は，定時株主総会において社外取締役を置くことが相当でない理由を説明しなければならないとした**（会社法327条の２）。英国起源とされる，いわゆるcomply or explain「**ルールを守れ，さもなければ説明しろ**」の原則を採り入れた。

第二は，株式会社の機関設計として，監査役（会）設置会社と委員会設置会社（改正後の名称は，指名委員会等設置会社）に加え，いわば第三のタイプの**監査等委員会設置会社（会社法２条11号の２）を新設**した。

第三に，**社外取締役や社外監査役の「社外」要件を見直し**，①株式会社の親会社等の関係者および兄弟会社の業務執行者や株式会社の取締役等の近親者は，その社外取締役または社外監査役になることができないとする一方で，②社外取締役および社外監査役の要件のうち，就任前における株式会社またはその子会社との関係に係る要件（過去要件）の対象となる期間を原則として10年間に限定した（会社法２条15号・16号）。

第四に，取締役と監査役の責任の一部免除に関する規律を見直し，業務執行をしない取締役および監査役は，社外取締役または社外監査役でなくとも，**株式会社と責任限定契約を締結できる**ことになった（会社法427条１項）。

第五に，**会計監査人の選解任等に関する議案の内容は，監査役または監査役会が決定**することになった。改正前は，監査役または監査役会は同議案につき同意権および提案権を有するにとどまっていた（会社法344条）。

❾ 取締役会はどう変わるべきか

　2014年改正会社法の施行によって取締役会はどう変わり，その変化が経営判断原則の適用にどのような影響を及ぼしたか。

　まず，改正過程で，社外取締役の義務化が最も議論を呼んだ。結局，今回，義務化そのものは見送られたが，comply or explain ルールの導入もあって，上場会社等の場合，事実上社外取締役を加えた取締役会としての充実を考えていくべきことになった。

　経営判断原則の適用を考えるうえでは，社外取締役をメンバーに加えるだけでなく，取締役会の審議充実のためにどう関わらせるかが問われるようになる。とくにMBOのように**会社と取締役の利益が相反する場面では，社外取締役の質問を含む発言内容や議決権行使動向があとあと大きく影響する**。

　次に，取締役会の場が活性化しないと経営判断原則の適用上不利になるが，活性化には監査役の関与も欠かせない。監査役や監査委員のように監査に携わる者は，職務執行者から独立していることが本来的に求められる。この点は，社外監査役以外の監査役についても同様であるところ，本改正で，社外監査役と同じように会社と責任限定契約を締結できるようになった点は大きな意味を持つ。

　この責任限定契約は，会社に対する賠償責任の上限を画するので，**経営判断に加わらない監査役が職務執行上負う善良なる管理者の注意義務の違反についての責任を軽減する役割を果たす**。この点，社外監査役と変わらず本来の独立した立場で監査役は監査に専念することができる。

　経営判断原則は，主に取締役会で，ダイバーシティ（多様性）に富んだ独立性を持った役員がそれぞれの立場で意見を述べ，それを踏まえて慎重な審議がなされるときに最も適用されやすい。

　この点，改正で「社外」要件を見直し，「過去要件」の緩和はあったものの，いわば独立性を要件に加味することになった点の影響は大きい。問題は，**より独立性を増す社外役員をどう取締役会に関与させていくか**である。取締役会議長の果たすべき役割は大きい。

ダイバーシティの確保に関連して，CGコード・原則2－4は，「女性の活用を含む社内の多様性の確保」を推進すべきとしており，さらに改訂CGコード・原則4－11が，取締役会の構成面での「ジェンダーや国際性の面を含む多様性」を要求している（参考資料3，214頁参照）。

3 コーポレートガバナンス・コードの下での取締役会のあり方

❶ "Comply or Explain" ルールの導入

　2014（平成26）年会社法改正の最大のねらいはコーポレートガバナンスの改善であった。改正法案づくりに向けた検討のなかで最も議論を呼んだのは，社外取締役の義務化を法定するかどうかであった。

　結果として義務化自体は見送り，"Comply or Explain" ルールによる対応を取ることにした。同ルールは，法令以外のいわゆるソフトローであるコーポレートガバナンス・コードにおいても採用されることになるとみられ，**ハードローとソフトローによるいわば両面作戦が展開されようとしている。**

　2014年2月から適用が始まったスチュワードシップ・コードやCGコードを内容に含んだ東京証券取引所の改訂上場規則は，ソフトローとして，コーポレートガバナンスの向上をめざす内容になっている。とくに東証上場規則は，上場企業が複数の独立取締役を置くよう努めることを求めている。

　2014年中の策定をめざし有識者会議で検討がなされたコーポレートガバナンス・コードは，"Comply or Explain" ルールを東証規則に加えることを求めようとしたが，そのあたりの事情は，2014（平成26）年6月24日閣議決定にかかる「『日本再興戦略』改訂2014（抄）」が，以下のように述べている（金融庁の資料より）。

「『日本再興戦略』改訂2014」より

　　コーポレートガバナンスは，企業が，株主をはじめ顧客・従業員・地域社会等の立場を踏まえた上で，透明・公正かつ迅速・果断な意思

決定を行うための仕組みである。コーポレートガバナンスに関する基本的な考え方を諸原則の形で取りまとめることは，持続的な企業価値向上のための自律的な対応を促すことを通じ，企業，投資家，ひいては経済全体にも寄与するものと考えられる。

　こうした観点から，上場企業のコーポレートガバナンス上の諸原則を記載した「コーポレートガバナンス・コード」を策定する。コードの策定に当たっては，東京証券取引所のコーポレートガバナンスに関する既存のルール・ガイダンス等や「OECDコーポレートガバナンス原則」を踏まえ，我が国企業の実情等にも沿い，国際的にも評価が得られるものとする。このため，東京証券取引所と金融庁を共同事務局とする有識者会議において，秋頃までを目途に基本的な考え方を取りまとめ，東京証券取引所が，来年の株主総会のシーズンに間に合うよう新たに「コーポレートガバナンス・コード」を策定することを支援する。新コードについては，東京証券取引所の上場規則により，上場企業に対して"Comply or Explain"（原則を実施するか，実施しない場合にはその理由を説明するか）を求めるものとする。

　これを受けてコーポレートガバナンス・コード策定に向け有識者会議が，2014年8月から計8回にわたる会合を開き，同年12月12日に，コーポレートガバナンス・コード原案を公表した。

　最も注目されたのは，同コードの"Comply or Explain"ルールが独立・社外取締役に関してどのような内容になるかである。すでに自民党・日本経済再生本部「日本再生ビジョン」（2014（平成26）年5月23日公表）には具体的提案がなされているので，以下にその一部を参考までに紹介しておく。

「日本再生ビジョン」より

- 取締役である独立役員を少なくとも2名以上確保しない場合，当該事業年度に関する定時株主総会において，取締役である独立役員を少なくとも2名以上置くことが相当でない理由を説明しなければならない。

- 企業価値を持続的に高めて企業の成長を促すため，株主は責任ある権利行使を行うべき。具体的には，株主は，議決権などの行使にあたり，
  * 取締役が責務を果たすことを確保するため，その選任に当たり，候補者の適格性，独立性につき精査すること。
  * 企業の生産性向上のための投資と，株主への還元とを，中長期的な企業の成長を促すとの観点から，高い次元でバランスを取った決定を行うこと。
  * 上場株券の発行者は，そのために必要となる情報の十分な開示を行うこと。
- 特に，機関投資家は，企業の経営陣などとの積極的な対話を通じて企業の中長期的な成長を促すなど，受託者責任を果たすための原則（「日本版スチュワードシップ・コード」）を受け入れ，投票方針や投票結果の開示を行うこと。
- 政策保有目的でのいわゆる株式の持ち合いは，利潤の追求，株主への利益還元，株主一般との潜在的な利益相反などの点で適切なガバナンスを確保することに支障を生じさせかねない。従って，こうした政策保有目的での株式の持ち合いは，合理的理由がない限り，極力縮小するべきである。
- 政策保有目的の株式を保有している場合は，具体的な政策目的に加えて，当該保有目的の合理性（銀行が破たん懸念先に再生のための新規資金割り当てを行うことや，必要に応じ債権の株式転換を行うなど，いわゆるDIP状態にあって，企業価値を高めるため資本充実を図る必要性がある場合等）を説明しなければならない。

❷ CGコードのめざす「攻めのガバナンス」と経営判断原則

　CGコードは，東京証券取引所の上場規則の一部になり，副題を含め，「コーポレートガバナンス・コード〜会社の持続的な成長と中長期的な企業価値の向上のために〜」として紹介されている。

　同取引所による文書の冒頭部分は，CGコードにおける「コーポレートガバナンス」を，「会社が，株主をはじめ顧客・従業員・地域社会等の立場を踏まえた上で，透明・公正かつ迅速・果断な意思決定を行

うための仕組みを意味する」と説明している。

　この関連で，CGコード「第4章　取締役会等の責務」の冒頭「考え方」は，次のように述べている。

　「また，本コードを策定する大きな目的の一つは，上場会社による透明・公正かつ迅速・果断な意思決定を促すことにあるが，上場会社の意思決定のうちには，外部環境の変化その他の事情により，結果として会社に損害を生じさせることとなるものが無いとは言い切れない。その場合，経営陣・取締役が損害賠償責任を負うか否かの判断に際しては，一般的に，その意思決定の時点における意思決定過程の合理性が重要な考慮要素の一つとなるものと考えられるが，本コードには，ここでいう意思決定過程の合理性を担保することに寄与すると考えられる内容が含まれており，本コードは，上場会社の透明・公正かつ迅速・果断な意思決定を促す効果を持つこととなるものと期待している。」

　「経営判断原則」にこそ直接言及していないが，経営陣・取締役が会社に対し損害賠償責任を負うか否かの判断を，「意思決定過程の合理性」によって左右させるのは，まさに経営判断原則を適用することを想定している。

　いいかえれば，CGコードをコンプライするプロセス重視の意思決定を下すならば，経営判断原則の適用を受けやすくなり，その分，"思い切った攻めの経営判断"を下せるようになるのである。

　これがCGコードが，その全体のキーワードとしている「攻めのガバナンス」の意味するところである。すなわち，CGコードに沿ってガバナンス向上をはかることが攻めの経営判断を導くことにつながるのである。

❸ CGコードの2018年改訂

⑴　改訂の内容

　2018年6月1日，改訂CGコードが公表になり適用が始まった。これと同時に，金融庁からは「投資家と企業の対話ガイドライン」が公

表になった。

このときの改訂は，2018年3月26日，金融庁の設置した「スチュワードシップ・コード及びコーポレートガバナンス・コードのフォローアップ会議」が，「コーポレートガバナンス・コードの改訂と投資家と企業の対話ガイドラインの策定について」として公表した提言に沿っている。

同提言は，コーポレートガバナンス・コードの改訂案を示し，①最高経営責任者（CEO）等の後継者計画や選解任に関して，取締役会に対し，主体的に関与するとともに，客観性・適時性・透明性ある手続を確立すること，②取締役会の構成に関して，ジェンダーや国際性の面での多様性を確保すること，③政策保有株式について，その縮減に関する方針や考え方，個別の政策保有株式について保有の適否等について検証した結果について開示すること，④経営陣幹部・取締役の指名・報酬などに関して，独立した諮問委員会を設置することにより，独立社外取締役の適切な関与，助言を得ることなどを提案した。

CGコード改訂の趣旨は上記のとおりであるが，その内容は本書巻末資料としておさめてある（201頁以下）。

(2) 本改訂と経営判断原則

CGコードの2018年改訂で，最も経営判断原則の適用に関係する原則が，「独立社外取締役の有効な活用」の原則4-8である。

経営判断原則の適用を受けられる合理的な意思決定には，独立社外取締役の関与が欠かせない。原則4-8は，改訂前から「独立社外取締役を少なくとも2名以上選任すべき」としていたが，改訂により「少なくとも3分の1以上の独立社外取締役を選任することが必要と考える上場会社は，……十分な人数の独立社外取締役を選任すべきである」として，その要求レベルを高めた。

たんに社外取締役だけでなく，独立した社外取締役を要求するのは，買収防衛やMBOなど利益相反管理上の役割を期待するからである。

さらに，改訂原則4-11は，取締役会の構成面で，「ジェンダーや国際性の面を含む多様性」，すなわち女性や外国人の取締役を増やす

よう求めている。

　ダイバーシティのある取締役から活発に意見が出て，それをもとに慎重な意思決定を導くことは，経営判断原則を適用するための前提として最も重要である。

　「いわゆる買収防衛策」（原則 1 – 5 ）や「株主の利益を害する可能性のある資本政策」（原則 1 – 6 ）のような，MBOを含む，利益相反管理を必要とする件についてCGコードは，改訂前から，「その必要性・合理性をしっかりと検討し，適正な手続を確保する」ことを求めてきた。

　この利益相反管理を主役として担うのが独立社外取締役である。この関連では，改訂補充原則 4 – 10①が，独立社外取締役が取締役会の過半数に達していない監査役設置または監査等委員会設置の上場会社において，「取締役会の下に独立社外取締役を主要な構成員とする任意の<u>指名委員会・報酬委員会など，独立した諮問委員会を設置する</u>ことにより，指名・報酬などの特に重要な事項に関する検討に当たり独立社外取締役の適切な関与・助言を得るべき」とした点は意義が大きい。

　"お手盛り報酬"や"縁故採用"といったことばが象徴するように，報酬や人事は利益相反管理をとくに求める。"自己監督"の弊害除去もにらみ，指名委員会等設置会社には，これら 3 分野に，社外取締役が過半数を占める委員会の設置を法が求めるのは，このためである。

❹ OECDコーポレートガバナンス原則

　"日本版"コーポレートガバナンス・コードは，OECDのコーポレートガバナンス原則や英国，フランス，ドイツなど諸外国における同コードを参考にしながら内容が固まっていくものと思われる。なかでも影響力の大きいOECDコーポレートガバナンス原則の内容を概観しておく。

　OECDの原則は，法的な拘束力を持つものではないが，各国政府が法規制などを検討する際，あるいは企業がそのコーポレートガバナン

ス体制を検討する際参考にするための，共通する「優れたコーポレートガバナンス」の要素を示すものとして定められた。

1999年に初めて発表されたが，その後エンロン事件などの企業不祥事を受けて見直され，2004年4月に改訂版が公表された。

同改訂版は，以下の6つの大原則からなる。

1．コーポレートガバナンスの枠組み
2．株主の権利
3．株主の平等な取扱い
4．ステークホルダーの役割
5．情報開示と透明性
6．取締役会の責務

このうち6番目の「取締役会の責務」には，「コーポレートガバナンスのフレームワークは，その会社の戦略上の指導，取締役会による経営陣の効果的なモニタリング，および取締役会の会社と株主に対する説明責任を保証するものでなくてはならない」とし，細則として以下が掲げられている。

A　取締役会のメンバーは完全に情報を与えられた状態で，善意で適切な注意をもって，かつ会社と株主の最善の利益のために行動すべきである。
B　取締役会の決定が異なる株主のグループに異なった影響を与えかねない場合，取締役会はすべての株主を公平に扱わなくてはならない。
C　取締役会は，高い倫理基準を適用すべきであって，ステークホルダーの利益を考慮すべきである。
D　取締役会は以下を含むところの重要な役割を果たさなくてはならない。
　　1　会社の戦略，主要な行動計画，リスク方針，年間予算および事業計画の検討・指導，業績目標の設定，事業の実践遂行のモ

> ニタリング；および主要な資本支出，買収と出資の引き揚げの
> 監視
> 2　会社のガバナンス慣行の有効性と必要に応じたその変更のモ
> ニタリング
> 3　重要な業務執行者の選任，報酬支払い，および監督を行い，
> 必要があればそれらを交代させること，承継のプランを監督す
> ること
> 4　経営責任者と取締役の報酬を会社と株主の長期的な利益と調
> 和させること
> 5　正式かつ透明性のある取締役の指名と選任プロセスを確保す
> ること
> 6　経営陣，取締役会メンバー，および株主間の会社資産の流用
> と関連当事者取引における地位濫用を含む潜在的な利益相反を
> モニタリングしかつ管理すること
> 〈以下，略〉

　OECDコーポレートガバナンス原則には，これらの「細則」につい
てのかなり詳しい「注釈」（Annotations）がおさめられている。その
なかに，「取締役会は会社の事項に客観的で独立した判断を下すこと
ができなくてはならない」との原則が書かれており，客観的で独立し
た判断のためには独立した取締役が重要な役割を果たすとして次のよ
うな説明を載せている。

> 　独立した取締役会メンバーは取締役会の意思決定に多大の貢献がで
> き，取締役会と経営陣の任務の評価に客観的な見解をもち込むことが
> できる。加えて，独立取締役は経営陣，会社およびその株主の利益が，
> 経営層の報酬，後継計画……のように異なる場面（分野）において重
> 要な役割を演じうる。

❺　主要国のコーポレートガバナンス・コード

　2014年半ば時点でコーポレートガバナンス・コードを定めている国

は約70カ国に上り，世界の主要国はほとんど同コードを持つといわれている。日本では策定中でコード案が公表された段階にあったが，欧州などの主要国の同コードを参考にしながら作業が進められた。

なかでも"Comply or Explain"ルールなどをはじめ，もっとも先進的とされる英国のコーポレートガバナンス・コードの内容を取締役会改革のテーマに絞って紹介しておく。

英国コードの初版は，1992年にキャドバリー委員会によって策定されており，そのときから以下のようなコーポレートガバナンスの定義を使い続けており，取締役会の役割を重視していることがよくわかる。

> 「コーポレート・ガバナンスとは，それによって会社を方向づけ，制御するためのシステムである。取締役会は，それぞれの会社のガバナンスに責任を負っている。ガバナンスにおける株主の役割は，取締役と外部会計監査人を任命し，自ら満足できる適切なガバナンス構造が構築されるようにすることである。取締役会の責任には，会社の戦略的目標を設定し，それを実行するために指導力を発揮し，経営を監督し，自らの受託者責任に関連して株主に報告を行うことが含まれている。取締役会の活動は，法律，規則ならびに株主総会における株主に従う。」

同コードの序文は，取締役会の役割をさらに詳しく次のように説明している。

> 「取締役会は，取締役会の全般的な任務と，当該全般的な任務から示唆される取締役会の個々のメンバーの役割について，包括的な考察を継続しなければならない。これらの努力に当たって決定的な鍵となるのは，取締役会議長の指導力，CEO［最高経営責任者］に対する支援およびCEOからの支援，そして，全ての取締役が率直かつオープンに議論を行うことである。」
> 「あらゆる取締役会が有効に機能を果たすために必須であるのは，建設的かつ挑戦的な対話である。金融危機の結果，特に，「集団思考〔groupthink〕」に起因する問題が顕在化した。建設的な討議を促進す

る方法の１つは，取締役会に十分な多様性を持たせることである。こ
れは性別および人種を含むが，それに限るものではない。これらの観
点からの多様な取締役会の構成は，それ自体として保証を与えるもの
ではない。多様性とは，アプローチと経験の相違に関わるものであり，
主要なステークホルダーとの有効なエンゲージメントを確保し，事業
戦略を実現するために極めて重要なものである。」

　「取締役会議長には，取締役会の任務と実効性に関する原則（本
コードの第Ａ節および第Ｂ節に記載）がどのように適用されたのかに
ついて，自ら毎年報告〔annual statements〕を行うことが奨励され
る。このことにより，取締役会運営の実効性を高めるための取組みが
投資家にとって一層鮮明になるばかりでなく，会社が本コードの幾つ
かの「各則〔provision〕」部分について，コンプライ〔comply〕では
なくエクスプレイン〔explain〕を選択した場合に，投資家は当該説
明を受け入れ易くなるかも知れない。微妙な問題については，しばし
ば安易に「ひな型」〔boiler-plate〕的な説明が行われることがあるが，
これはコミュニケーションの放棄に他ならない。」

　同コードは，コンプライ・オア・エクスプレインルールについて項
を設け，次のように述べている。

　「コンプライ・オア・エクスプレイン」のアプローチは，英国コー
ポレート・ガバナンスのトレードマークである。これは本コードの制
定当初から適用されており，その柔軟性の基礎となっている。会社と
株主の双方から強い支持を受けており，国際的にも広く称賛され，見
習われて来ている。

　同コードは，「主要原則」として「リーダーシップ」「取締役会の有
効性」「説明責任」「報酬」および「株主との関係」を掲げ，それぞれ
につき「各則」（Code Provisions）による条文規定をおさめている。
　ここでは「リーダーシップ」部分だけを引用しておく。

「すべての会社は，会社の長期的な成功に共同して責任を負う，実効性の高い取締役会〔effective board〕によって統率されるべきである。会社において，取締役会の運営を担う責務と，事業の経営を担う責務とでは，明確に責務の分担がなされるべきである。何人も，制約の無い決定権限を持つべきではない。取締役会議長は，取締役会においてリーダーシップを発揮することと，取締役会がいかなる役割を果たす場合にも実効性の高いもの〔effective〕であることについて，責務を負う。単体構造の取締役会のメンバーたる者の役割のひとつとして，非業務執行取締役は，戦略に関する提案について，建設的な議論を挑むとともに，より良いものとするよう支援すべきである。」

❻ イギリスのコード2017年改訂の概要

2017年7月，イギリスの財務報告評議会（Financial Reporting Council）が，イギリス・コーポレートガバナンス・コード（The UK Corporate Governance Code）の改訂版を公表した。

同国のCGコードは，日本のCGコードの一部モデルにもなったものであり，日本のコードの今後に影響を与える可能性がある。

改訂は，CGコードの全体にわたっている。コードを，より簡潔（shorter and shorter）にするよう，章立てを変え，従来，主要原則（Main Principles），補助原則（Supporting Principles），各則（Code Provisions）の3段階であったが，原則と各則の2段階にした。

改訂の概要は，以下のとおりである。

① ステークホルダーとの関係強化のための規定の追加…イギリス会社法172条が規定するステークホルダーの利益や各事項がどのように考慮されているかについて年次報告書に記載すべきとした。また，従業員との対話の仕組みを設けることも求めた。

② 取締役会の質の向上…取締役会が，能力・経験・知識などを適切に備えることを確保し，多様性を促進する観点から，取締役を定期的に入れ替える（refresh）ことを検討すべきとした。取締役や経

営幹部の実効的な後継者計画の重要性を強調し，指名委員会の役割を強化した。また，取締役会議長は，原則として9年を超えてつとめるべきではないとした。

③　会社の業績や従業員の給与水準に関連づけた役員報酬のあり方…役員報酬に関する方針などを，会社の長期的で持続的な成功を促すために策定すべきことと，そのために報酬委員会の役割を強化した。

④　企業文化の重要性…取締役会は，会社の目的，価値観，戦略を設定し，企業文化をそれらに沿ったものにすべきであり，企業文化が事業全体に浸透しているか否かなどを評価・モニタリングなどすべきであること，これらの活動などについて年次報告書で説明することなどを求めた。

❼ ドイツ・フランスの場合

　金融庁における有識者会議の場に提出された公開資料をもとにドイツ，フランスにおけるコーポレートガバナンス・コードから取締役会のあり方を探るうえで参考になると思われる部分を抜き出しておく。

　ドイツの同コードにおいては，株式会社における経営監督形態を次のように説明している。

　ドイツの株式会社には，マネジメント・ボードとスーパーバイザリー・ボードの二層制〔dual board system〕を採用することが法律で認められている。マネジメント・ボードは，企業経営の責任を担い，その構成員（訳注：以下，便宜的に「執行役」という。）は，共同して企業経営について説明責任を負う。マネジメント・ボード議長は，マネジメント・ボードの活動を統括し，調整を行う。スーパーバイザリー・ボードは，「執行役」の選任，監督を担い，また「執行役」に助言を与え，企業の重要な意思決定に直接関与する。スーパーバイザリー・ボード議長は，当該スーパーバイザリー・ボードの業務を調整する。スーパーバイザリー・ボードの構成員（訳注：以下，便宜的に「監査役」という。）は，株主総会において株主によって選出される。

フランスの同コードの場合，経営監督形態の説明は以下のようになる。

> フランス法は，全ての会社に対して，単層型（取締役会）および二層型（スーパーバイザリー・ボードとマネジメント・ボード）という〔組織形態の〕選択肢を与えている。さらに，取締役会設置会社においては，取締役会議長と最高経営責任者の職務の分離，または当該職務を兼任させるという選択肢がある。法令がどちらか一方の形態を勧めているということはなく，取締役会は経営管理の執行にあたって上記の2形態のどちらかを選択することができる。

ダイバーシティ（多様性）についてドイツのコードは次のような規定を置いている。

> 企業の幹部〔managerial positions〕人事を決めるにあたっては，マネジメント・ボードは，構成員の多様性を考慮し，特に女性の登用について適切に検討するものとする。
> スーパーバイザリー・ボードは，「執行役」を任命し，解任する。「執行役」を選任する際には，構成員の多様性を考慮し，特に女性の登用を適切に検討するものとする。

同様にフランスのコードは，以下の規定を置いている。

> 各取締役会は，取締役会のメンバーシップと取締役会が設置した委員会のメンバーシップに関して，望ましいバランス（特に男女の比率，国籍や技能の多様性）を考慮し，必要な独立性と客観性をもって取締役会の職責が果たされることを株主と市場に対して保証できるようにすべきである。取締役会は，これらの点に関する方策の目的，方法や結果を関連文書の中で公表するべきである。

❽ 日本のコーポレートガバナンス・コードの場合

CGコード・基本原則4が掲げる上場社の取締役会の役割は以下

の3つである。

> (1) 企業戦略等の大きな方向性を示すこと
> (2) 経営陣幹部による適切なリスクテイクを支える環境整備を行うこと
> (3) 独立した客観的な立場から，経営陣（執行役及びいわゆる執行役員を含む）・取締役に対する実効性の高い監督を行うこと

このうち(3)がいわゆるモニタリングボードを指向するものであることは，すでに述べたところである（112頁参照）。モニタリングボードを成り立たせるには，業務執行の“現場”から離れ，独立した客観的立場で監督にあたらなくてはならない。そのためには，取締役会が「経営陣に対する委任の範囲を明確に定め」（CGコード・補充原則4－1①），内部統制やリスク管理体制の「適切な構築や，その運用が有効に行われているか否かの監督に重点を置くべきであり，個別の業務執行に係るコンプライアンスの審査に終始すべきではない」（同4－3②）とされる。

❾ CGコード下での取締役会実効性評価

2015年6月から適用開始になったコーポレートガバナンス・コード（以下，「コード」という）は，取締役会が，「毎年，各取締役の自己評価なども参考にしつつ取締役会全体の実効性について分析・評価を行い，その結果の概要を開示すべきである」とする（補充原則4－11③）。

コードが，取締役会自身による実効性評価を要求しているのはたしかである。だが，これをいざ実際に行うとなると，方法をどうするかで迷ってしまう。コードには，「各取締役の自己評価を参考にしつつ」と書いてあるのみだからである。

コードが適用開始の翌年である2016年7月14日までにコーポレート・ガバナンス報告書を提出した第一部・第二部の上場会社2,262社

のうち，東証の調査によれば，実効性評価について「エクスプレイン」とした会社数は半数を超えた。

　「コンプライ」としたなかにも，「取締役会で実効性について審議し確認しました」程度しか開示をしていない企業があった。

　取締役会は審議体であるから，各取締役からの評価意見表明などをもとにして「実効性」につき審議しさえすれば，「コンプライ」したことにはなるであろう。

　しかしながら，投資社会を納得させる，「分析・評価」を行ったといえるためには，何らかの“材料”に基づく審議をしなくてはならない。

　その後，「コンプライ」するとした主要日本企業の大半でアンケートを実施していることがわかる。アンケート方式は，行い方を改善しながら，今後さらに多くの上場企業で行われるようになるであろう。

　アンケート方式も，誰が，誰を対象にどう行うかについて検討すべき点があるので，この点についてみておく。

(1) アンケート実施の主体と客体

　実効性評価を行わなければならないのは取締役会である。だが，取締役会議長がアンケートの実施主体になるのがよいかといえば必ずしもそうではない。とくに日本企業の場合，執行のトップである社長が同議長になるケースが多いため，経営陣に耳の痛い苦言，直言がアンケート結果に反映されないおそれがある。

　そうなると，ガバナンスを効かせるために，執行部からある程度独立した取締役会事務局がアンケート用紙を配り回収することを検討すべきである。独立性をより重視するために，外部の信託会社などにアンケート用紙の回収から分析，評価まで委託する例もある。

　アンケートの質問項目に答えるのは，各取締役である。監査役（会）設置会社では，監査役にもアンケートに答えてもらうことが考えられる。「取締役の職務執行を監査する」のが監査役の職責であるから，各監査役の取締役の取締役会評価は参考にすべきであろう。

⑵　アンケートの行い方と実際例

　アンケートは，もともと調査を意味し，一般に調査のために一定の人に質問形式で行う問合せである。取締役会実効性評価のために行う取締役や監査役へのアンケート調査においては，質問項目をだれがどう作成するかが問題となる。

　アンケートは，質問項目の作り方次第では，"仲間うちの"自己満足的な評価に終わってしまうおそれがある。そのため，社外役員会議でアンケートの実施方法や質問項目案を検討するようにした会社があった。

　また，アンケート結果の分析・評価においても同様のおそれがあるため，社外役員会議がこれを行った会社や社外役員会議と代表取締役が分析・評価や意見交換を行った会社があった。

　たとえば，2015年に会社不祥事が明るみに出た電機大手Ｔ社の場合，2016年６月19日付開示では，社外取締役で構成する「取締役評議会」がアンケートの内容決定など要所で関与し，「分析・評価」の実効性が上がるように工夫がなされていた。

　アンケートの項目作成，実施，集計，分析・評価のすべてにおいて外部の第三者機関に委託をした会社もあったが，日本ではまだそれほど数は多くない。

　アンケートをするしないにかかわらず，取締役会実効性評価の実施時期は，決算期前後が一般的である。実効性評価を取締役会の審議にかける必要があり，決算期に合わせてこれを付議できるように期末前後にアンケートに着手したと開示した会社は少なくない。

　実効性評価のための取締役会審議と同評価結果を踏まえた行動計画についての報告・審議を分けて行った会社の例もみられた。行動計画を明確に開示するのは，ガバナンス向上に向けた取締役会としてのPlan（計画）→Do（実行）→Check（是正・改善）→Action（経営者の責任でサイクルを実践）というPDCAサイクルを次年度以降回していくためにほかならない。

　PDCAサイクルを回していくための手段にアンケートがあるといっ

てよい。この調査によって取締役会として対応すべき課題を見出し，それらにどう取り組む方針であるかについて改善策や行動計画を策定できることがのぞましい。

　実際にこうした改善策や行動計画のもとになる課題をアンケート結果から抽出して開示した会社があったが，課題として開示された項目には以下があった。

課題として開示された項目

- 取締役会の役割再検討，モニタリング機能強化
- 中長期の経営戦略，ガバナンス，リスクマネジメントについてのより充実した議論
- IRで得た機関投資家その他のステークホルダーの意見の取締役会への反映
- 取締役会と他の会議体の関係の明確化
- 取締役会の権限移譲，決議事項と報告事項の見直しと「付議基準」の改訂
- 取締役会，社外取締役への情報提供の改善
- 議案の説明資料の充実，事前説明による取締役会の効率化
- 取締役の研修の充実

　また，実効性評価の取組みが2年目を迎えた会社が，前年度に認識された課題への取組状況や成果を説明している例がいくつかみられた。

(3)　**アンケート項目の作成**

　取締役会のガバナンス向上のためPDCAサイクルを回すうえでの課題をみつけ出せるアンケート項目はどうあるべきかを探るため，これまで日本企業によって行われた実効性評価例を参考に，チェックシート方式でアンケート項目サンプルを参考までに2種類作成した。

　第一は，「実効性評価」の手段としてアンケート調査を行うのであれば最低これだけは入れておくべきと考えられる質問項目のみをリストアップしたものである。

第二は，先進的な外国のコーポレートガバナンス・コードの内容も意識し"理想的な"レベルも目指すものである。

次頁の【図表1】は，最低限の取締役会の実効性評価のためのアンケート項目であり，各社開示例を参考に作成した。次頁，次々頁の【図表2】のグローバル水準のアンケート項目と比較すると，独立役員の役割に関する記載が少なくなっている。また，取締役会事務局についての項目も記載していない。

これらの事項については各社どのように運用していくかを議論している最中だと思われるが，今後取締役会における位置づけや役割が明確になり次第，アンケート項目として取り入れていくことが望ましい。

【図表2】は，英国のFRC（Financial Reporting Council）が策定したCGコード中の取締役会評価項目や金融庁で開催されている「スチュワードシップ・コード及びコーポレートガバナンス・コードのフォローアップ会議」などの議論をもとに作成した，グローバル水準の取締役会評価のためのアンケート項目である。

取締役会の果たすべき役割・責務が各社ごとに具体化されれば，おのずと取締役会の構成や取締役会で取り上げるべき議題がみえてくるはずである。

また，取締役会による業務執行の監督の実効性は，業務執行を行う者（経営陣）の人事・報酬の決定を，経営陣から独立した者が行うことができるかに大きく左右される。

そのため，業務執行の監督を取締役会の果たすべき役割・責務として捉えた場合，経営陣の人事・報酬の決定がどれだけ経営陣から独立して行われているかが，取締役会評価のための重要なポイントとなる。

この他，株主から直接信任を受けて選任されているのは取締役であり，経営陣ではないことに留意し，株主との建設的な対話につきどのように対応するかも，取締役会の評価のうえでポイントとなる。これらをふまえ，各社ごとにより具体的な評価項目を検討するのがよい。

【図表1】（最低限の）取締役会評価項目

評価項目	参照コード
1　会社の持続的な成長と中長期的な企業価値の向上のため，取締役会が果たすべき役割・責務が明確になっているか。	基本原則4
2　取締役会の構成に多様性が確保されているか。	原則4－11
3　議題の選定が適切になされ，事前に適切な資料が適時に配布されており，審議時間が適切に設定されているか。	補充原則 4－12①
4　取締役会の議長は，適切に議事進行を行っているか。	原則4－12
5　CEOの適切な選任基準があり，選任プロセスが明確になっているか。	原則4－3 補充原則 4－3①
6　CEOを含む経営陣の報酬について適切に議論されているか。	原則4－2 補充原則 4－2①
7　独立社外役員が情報提供を求める仕組みが適切に整備されているか。	原則4－13 補充原則 4－13①
8　機関投資家からの対話の申出に対応するための体制整備・取組に関する方針が適切に定められているか。	原則5－1

【図表2】（グローバル水準の）取締役会評価項目

評価項目	参照コード
1　会社の持続的な成長と中長期的な企業価値の向上のため，取締役会が果たすべき役割・責務について議論し，明確になっており，取締役会で共有されているか。また，実際に取締役会がその役割・責務を十分に果たしているか。	基本原則4 原則4－1 4－2 4－3
2　自社の取締役会の役割・責務を踏まえ，取締役会の実効性を高めるため，取締役選任のための基準が明確に定められ，資質を備えた取締役が選任され，取締役会の構成に多様性があるか。	原則4－9 原則4－11 補充原則 4－11①
3　議題の選定が適切になされ，事前に適切な資料が適時に配布されており，審議時間が適切に設定されているか。	補充原則 4－12①
4　取締役会の議長は独立役員が務めており，取締役会の議案について，効果的に各役員，特に独立役員の意見が引き出されるよう，適切に議事進行を行っているか。	原則4－12
5　執行からある程度独立した取締役会事務局が設置されており，取締役会の運営を支えるために適切な人員が配置されているか。	なし

6　独立役員の主体的な関与のもと，CEOの選任基準および選任プロセスが明確になっており，また，中長期的な視点から，外部の候補者を含めた次期CEOの育成計画が進められているか。	原則4－3 補充原則 4－3① 原則4－7
7　CEOによる業務執行を評価するための適切な情報提供のプロセスが整備されており，少なくとも四半期に一度は独立社外役員間でCEOによる業務執行の評価がなされているか。また，業務執行の評価を適切に報酬に反映するための仕組みが整備されているか。	原則4－2 補充原則 4－2① 原則4－3 原則4－7
8　CEOに問題がある場合に，独立役員を中心とする独立かつ客観的な立場から，CEOを解任することができる仕組みが整備されているか。	補充原則 4－3① 原則4－7
9　独立役員を中心とする任意の委員会（指名・報酬委員会，社外役員連絡会など）があるか。また，任意の委員会が主体的に業務執行などに関する情報を得られる仕組みが整備されているか。	補充原則 4－8① 原則4－13等
10　業務執行に関する意思決定プロセスおよび権限が明確になっており，事後的に取締役会が業務執行を検証することが可能となっているか。	なし
11　取締役会，特に独立社外取締役と株主やその他のステークホルダーとがコミュニケーションをとるプロセスが整備されており，他のステークホルダーからの建設的な意見を取締役会の議論に適切に反映させることができるか。	原則5－1

⑩　日本版スチュワードシップ・コードの策定

　ソフトローによるコーポレートガバナンスの改革という点でいうと，コーポレートガバナンス・コードより一足先に「日本版スチュワードシップ・コード」が，2014年2月26日に策定された。

　本コードは正式には金融庁に設置された「日本版スチュワードシップ・コードに関する有識者検討会」において，「『責任ある機関投資家』の諸原則《日本版スチュワードシップ・コード》～投資と対話を通じて企業の持続的成長を促すために～」として公表された。

　副題にもあるように，本コードはとりわけ建設的な「目的を持った対話」を通じて企業の持続的成長を促すことを目的とする。機関投資家側の規律をめざすコードではあるが，企業に対する要望・期待も内容に含んでいる。

すなわち，企業の側では，取締役会が経営陣による執行を適切に監督し，かつ適切なガバナンス機能を発揮することによって企業価値の向上を図る責務を負う。機関投資家と企業，それぞれが責務を果たすことで質の高いガバナンスが実現でき，企業の持続的な成長と顧客・受益者の中長期的な投資リターンの確保ができるとみられている。

その意味で，スチュワードシップ・コードとコーポレートガバナンス・コードは，いわば車の両輪として働くことを期待されている。共通のキーワードは，コンプライ・オア・エクスプレインになるものと思われる。

日本版スチュワードシップ・コードは，以下の7原則からなる。

1．機関投資家は，スチュワードシップ責任を果たすための明確な方針を策定し，これを公表すべきである。

2．機関投資家は，スチュワードシップ責任を果たす上で管理すべき利益相反について，明確な方針を策定し，これを公表すべきである。

3．機関投資家は，投資先企業の持続的成長に向けてスチュワードシップ責任を適切に果たすため，当該企業の状況を的確に把握すべきである。

4．機関投資家は，投資先企業との建設的な「目的を持った対話」を通じて，投資先企業と認識の共有を図るとともに，問題の改善に努めるべきである。

5．機関投資家は，議決権の行使と行使結果の公表について明確な方針を持つとともに，議決権行使の方針については，単に形式的な判断基準にとどまるのではなく，投資先企業の持続的成長に資するものとなるよう工夫すべきである。

6．機関投資家は，議決権の行使も含め，スチュワードシップ責任をどのように果たしているのかについて，原則として，顧客・受益者に対して定期的に報告を行うべきである。

7．機関投資家は，投資先企業の持続的成長に資するよう，投資先企業やその事業環境等に関する深い理解に基づき，当該企業との対話やスチュワードシップ活動に伴う判断を適切に行うための実力を備えるべきである。

スチュワードシップ・コードはイギリスで生まれたものである。現在，イギリスだけでなく約20カ国にあるとされ，ほぼ共通して投資先企業の監視や受託者責任を果たすための方針開示などを定めることで投資先企業との対話を促そうとする。

　"本家" イギリスのコードと比べたときの日本版コードの特徴として，①中長期的視点から企業価値および資本効率を高め，「企業の持続的成長」を促すことが重要である旨を強調，②機関投資家と企業との間の「建設的な対話」を重視，③企業にとっても有益な対話となるよう，機関投資家に対して，投資先企業やその事業環境等に関する深い理解を要請している点が挙げられている。

　とりわけ，③の特徴に関する原則7は，日本版独自の内容といってもよい。

　有益で内容のある「対話」が成り立つためには企業サイドの努力と実力も欠かせない。独立した社外役員の意見を聞き，説得に努める経営判断原則の適用を意識した意思決定プロセスの充実はまさにそのためのものである。

⓫ 日本版スチュワードシップ・コードの2017年改訂

　日本のスチュワードシップ・コードは，2017年5月29日に改訂版が公表になった。スチュワードシップ・コードは，おおむね3年ごとを目処とした定期的見直しを明記していた。

　改訂後も，「7原則」は変わらず維持されたが，前文や各原則に関する指針の修正・追加が行われた。主な変更点は，①アセットオーナーによる運用機関の実効的なチェックの推進，②運用機関によるガバナンス・利益相反管理の向上，③議決権行使助言会社による体制整備，④パッシブ運用における対話・議決権行使の推進，⑤集団的エンゲージメントがエンゲージメントの手法となり得ることの明確化，⑥議決権行使結果の公表の充実（個別開示の原則化），⑦機関投資家の経営陣の役割・責務の明確化，⑧運用機関による自己評価とその公表といった取組みを求める内容を含んでいる。

改訂により，とりわけ，機関投資家による議決権行使結果の個別開示が適切に行われるならば，投資先企業と機関投資家との相互理解を深め，対話とコミュニケーションの充実をもたらす機関投資家と企業の双方に経営判断原則の適用を意識したより合理的な意思決定を期待できるであろう。

4 付議事項の見直し

❶ 取締役会規則見直しの必要性

　経営判断原則の適用を意識するならば，のちに株主代表訴訟になり取締役の賠償責任が追及されかねない特別重要案件についてはなるべく取締役会で決定するほうがよい。

　会社法は，取締役会で必ず決定しなければならない決議事項を定める一方で，それ以外の事項については，取締役会規則または個別の決議により，決定を代表取締役，業務執行取締役などに委任することができるとしている（会社法362条）。

　実務上，多くの会社で取締役会の具体的な決議事項は，定款，取締役会規則，内規などで定めている。なかでも，取締役会規則で定める例が大半を占める。

　各種調査の結果を総合すると，おしなべて，日本企業のうち，とくに監査役設置会社の場合，外国企業と比べ取締役会の開催頻度が高く，また付議事項も多い傾向がある。その反面，あとあと訴訟で取締役の会社に対する損害賠償責任を追及されかねない特別重要案件が取締役会規則（程）の定める付議基準をくぐり抜けて取締役会にかからないおそれが生じる。

　取締役会の付議事項が多ければ審議に時間を要することになって長時間化する。また，取締役会を何回も開かなくてはならなくなる。そうなると，社外役員の出席率が低くなってしまい経営判断原則が適用されにくくなる。

　こうした不都合をなくすためには，取締役会規則（程）における付議基準を見直し，付議事項を社外役員を中心にしたモニタリングボードにふさわしく**付議事項の数を減らす**のがよい。その一方で，"特別

重要案件"については，付議のための数値基準を形式的に当てはめるのではなく，「その他重要な案件」を柔軟に解釈適用して必ず付議するようにもっていくべきである。いわば付議事項の選別につき戦略的にメリハリをつけることである。

特別重要案件はなるべく取締役会で決定するのがよいとしても，取締役会規則の定め方次第では，取締役会の決議によることが難しくなるので，適宜その内容を見直しておく必要がある。

❷ 取締役会規則における付議基準の標準的内容

(1) 事例にみる付議基準

取締役会規則で取締役会の付議基準を定める場合，どのような定め方をしているかといえば，項目として「重要な財産の処分等」および「その他の重要な業務執行」の二つを掲げ，それぞれについて詳細な基準を示す例がある。

この場合，「重要な財産の処分等」についていえば，財産の種類ごとに詳細な付議基準を設けることが多く，「その他の重要な業務執行」として一般に共通する付議事項には，「年間事業計画」，「年間予算」，「新規事業への進出」，「経営方針変更」，「従来事業の廃止・変更」，「経営戦略の設定」，「業務提携」，「訴訟の提起」，および「社内規定の整備」を掲げる例が多い。

半面，基本的事項のみを定める次のような例もある。

（決議事項）

第○○条

次の事項は，取締役会の決議によって決定されなければならない。

① 株主総会の招集および議案の決定

② 経営の基本事項の決定および変更

③ 重要な事業計画に関する事項

④ 重要な訴訟に関する事項

⑤ 代表取締役および役付取締役の選定

---

⑥　前各号の他業務執行に関する重要な事項および法令または定款に定められた事項

2　取締役会への具体的付議基準については「取締役会付議・報告基準」に定めることとする。

項目数からみて平均的な規定例は，以下のようになる。

（決議事項）

第△△条

次の事項は，取締役会に付議しなければならない。

①　事業の基本方針および計画の決定

②　株主総会の招集および提出議案

③　株主総会の決議により授権された事項

④　代表取締役・役付取締役の選定および解職

⑤　取締役の使用人委嘱および解嘱

⑥　取締役の担当業務の決定

⑦　相談役・顧問の選任および解任

⑧　取締役の競業取引の承認

⑨　取締役の利益相反取引の承認

⑩　自己株式の取得および消却

⑪　募集株式の発行（自己株式の処分を含む）

⑫　募集社債の発行

⑬　業務機構におけるカンパニー以上の組織の設置および変更ならびに廃止

⑭　重要な契約・出願・訴訟および和解

⑮　重要な社則集編さん諸規程の制定および改正ならびに廃止（軽微な改正を除く）

　（1）　取締役会規程

　（2）　株式取扱規程

　（3）　インサイダー取引防止規程

---

(4) 職制および社員資格規程

(5) 就業規則

(6) 個人情報保護規程

⑯ 業務の適正を確保するために必要な体制の整備に関する基本方針の制定および改正ならびに廃止（軽微な改正を除く）

⑰ 株主名簿管理人の決定および変更

⑱ 年度・半期の予算

⑲ 計算書類および事業報告ならびにこれらの附属明細書の承認

⑳ 連結計算書類の承認

㉑ 中間配当の決定

㉒ 多額の借財において100,000千円以上のもの

㉓ 債務保証において100,000千円以上のもの

㉔ 重要な財産の取得・処分および譲受

(1) 固定資産の取得・処分において100,000千円以上のもの

(2) 投融資・有価証券の取得・処分において100,000千円以上のもの

(3) 不良債権・未払債務の処分において10,000千円以上のもの

㉕ 多額の支出

(1) 貸付金の支出において50,000千円以上のもの

(2) 営業費の支出において50,000千円以上のもの

(3) 寄付金・交際費・諸会費の支出において5,000千円以上のもの

㉖ 不動産の賃貸借において月額2,000千円以上のもの

㉗ その他取締役会が必要と認めた事項および法令または定款に定められた事項

(2) 決議事項の定め方

このほか，「決議事項」としてきわめて多くの項目を並べ，最後に「その他」とし，「**法令および定款に定める事項およびその他業務執行に関する重要な事項**」を付記する例がある。

また，「決議事項」の内容を，「法令に定められた事項」，「定款に定められた事項」，および「その他重要な業務執行に関する事項」の3

つに分け，最末尾に「その他取締役会が必要と認めた事項」を入れる例もある。

　会社法の下では，重要な業務執行に関して決定することができる。問題は，取締役会規則などの内規で具体的に掲げていない項目を**緊急に取締役会の決議項目に入れたいときに機動的に対応できるようにしてあるか**である。上記のように「取締役会が必要と認めた事項」としてあると，そのために別の取締役会が必要になりかねない。

　そこで，「重要な業務に関する事項」の最後に「その他重要と認められる事項」とのみ記載しておくにとどめるほうが柔軟に対応できるし，「取締役会長が必要と認める事項」との書き方をする例もある。

　経営判断原則の適用を意識して取締役会の審議をより充実させるためには，その決議事項にメリハリをつけるのがよい。内規で定める事項はむしろ絞り込み，時間をかけてじっくり話し合う必要のある重要案件を機動的に取り上げられるようにすべきであろう。

　一般的にいって，日本企業が取締役会規則で掲げる付議事項・付議基準は，細かすぎるきらいがある。やや古いが，株式会社商事法務が2009（平成21）年に行った上場企業（2,532社）を対象にしたアンケート調査（その結果は，別冊商事法務『会社法下における取締役会の運営実態』にまとめられている。以下『運営実態』として引用する）によれば，取締役会の「その他の重要な業務執行」として決議事項にした事項のうち，過半数の会社に共通するのは，多い順に「年間事業計画」，「年間予算」，「新規事業への進出」，「経営方針変更」，「従来事業の廃止・変更」，「経営戦略の設定」，「業務提携」，「訴訟の提起」，および「社内規定の整備」であった。

　2014年，2019年の会社法改正を経て，日本企業は取締役会のあり方を，法令の許す範囲内で，なるべくモニタリングボードに近づけるため，「付議事項」を見直すべきである。

5 実質的な意思決定を 行う会議体の充実

❶ 重要な意思決定はどこで行われているか

　法律上取締役会で決定すべき事項でも，**実質的な意思決定は経営委員会や常務会といった別の会議体で行い，それを取締役会がのちに"追認"するかたちになることは多い。**

　経営委員会等の性格や位置づけ，設置の根拠はさまざまであるが，取締役会から委任を受けた専決事項を有する会社（153社），そうでない会社を含め，経営委員会等の決議に事実上の拘束力がない会社は少なく，事実上の意思決定機能を担っていることが多い。

❷ 経営委員会等における審議の充実

　経営委員会等は会社法上の正式な意思決定機関ではない。にもかかわらず，多くの企業で事実上の意思決定をこれらの会議体で行っている。そのことは，法律の世界でも"認知"されているので，これを前提に意思決定プロセスの充実を図るべきである。

　経営判断原則を適用して取締役を免責した**裁判例のなかには，取締役会ではなく，経営会議や専務会での充実した討議を重くみたものがあった**（40頁参照）。

　とくに取締役会規則の付議事項・基準との関係で取締役会に付議しないけれども重要な案件については，経営委員会等における審議を充実させておかないといけない。そのために心がけるべき注意点は，取締役会の審議を充実させるための注意点と共通する点が多いものの，社外役員の関与に関しては差異が生じ得る。それは**多くの会社で経営委員会等には社外役員の出席を想定していない**からである。その場合には，社外役員に対する事前の説明や資料配布といった会議の重要な

事前準備は必要ない。

　経営判断原則の適用を受けるためには意思決定プロセスを充実させる必要があり，ダイバーシティに富んだ社外役員の発言や関与を多くするのが望ましい。この点は，本書において繰り返し強調してきた（112頁，114頁など参照）。

　経営委員会の審議に**社外役員の関与が望めないとなると，別のこれに代わる審議の充実方法**を考えないといけない。外部専門家の意見，アドバイスをもらっておく，社内にたとえば子会社支援に賛成するチームと反対するチームを作り「プロとコン」で意見を戦わせるなどしてシミュレーション的に検討をするなどが考えられる。

❸ 取締役会と有機的な連携をはかる

　特別重要案件は，なるべく取締役会にかけるほうがよい。そのためには，すでに述べたように，取締役会規則も機動的に決議事項を取り上げることを想定してやりやすく見直しておくべきである。

　取締役会の決議によるべきと法令その他で決まっている場合でも，実質的な決定は経営委員会等で行って取締役会の決定はかたちだけですませる。これが多くの企業でとられているやり方である。この実態をただちに改める必要はないとしても，せっかくの**経営委員会での中身の濃い議論を取締役会に有機的に引き継げる**ようにすべきである。

　具体的にどうしたらよいかというと，**取締役会に議案を提案する取締役が経営委員会等でなされた議論の内容を要約して説明する**ことである。結論とそれに対する賛成意見だけではなく，**反対意見もあわせて紹介する**のがよい。そうすれば，社外役員にも論点・争点がよくみえるようになり，社外役員からの意見も出やすくなる。

　社外監査役も，社外取締役も務めた経験からいうと，重要案件につき取締役会で初めて，かつ通り一遍の説明を聞いただけで問題点を理解することはきわめて難しい。何を質問したらよいかを質問したくなるような議案があったこともたしかである。

　望ましいのは社外役員にも経営委員会等に出席してもらうことであ

る。それが時間的に無理であれば，せめて議案内容の事前説明をさせてもらうのがよい。それさえも無理ならば，取締役会席上でせめて経営会議でどのような素直な意見交換があったかを要約で良いので伝えるようにする。とにかく，**社外取締役をかやの外に置かないようにすべきである**。

　CGコードは，社外取締役や社外監査役への情報提供と支援を重要視する規定を置いている（補充原則4-13③ほか。215頁以下参照）。

会社法改正による社外取締役義務化を実現する改正内容は「第2版はしがき」でも紹介したところである。

2014年の会社法改正では，社外取締役の義務化そのものは見送られたものの方向性は示されたので，改正のあった2014年6月末時点で社外取締役を選任済みの東京証券取引所上場企業は，全体の約75%に達した。

その後，改訂コーポレートガバナンス・コードの適用開始（2018年6月）を経て，独立社外取締役を複数選任する上場企業が増え，東京証券取引所一部上場企業の91.3%に上った。また，独立社外取締役を全取締役の3分の1以上選任する企業は，同じく33.6%であった（2018年末時点での同証券取引所調べ）。

いま，企業経営者の関心は「社外取締役を入れるかどうか」から，「社外取締役をいかに活用するか」に移ってきたとされる。

❶ 会社法令，CGコードは社外役員に何を期待するか

会社法令には「社外役員」の定義はない。これに当たるのは，社外取締役と社外監査役である。監査等委員，監査委員はいずれも取締役であるから「社外」要件を満たせば社外取締役でもある。

一方，2015年6月1日から適用開始になり2018年6月に改訂されたコーポレートガバナンス・コード（以下，「改訂コード」という）は，「社外取締役・社外監査役」でもって，「社外役員」を表現している（コード補充原則4−11②，同4−13③，同4−14①）。

コードは社外役員のうち社外取締役の「役割・責務」や「有効な活用」について明記している（原則4−7，4−8）。注意すべきは「独

立社外取締役」という言い方をしている点である。これには，会社法の定義する社外取締役の前に「独立」を付けただけにはとどまらない重要性がある。

　というのも，社外取締役は取締役会の構成員として「経営の監督」（コード原則4 − 7⑪）に当たることを求められるが，そもそも経営・執行から独立した立場の者でなければその監督はできない。監督や監査を語るとき，自分で自分のやること，やったことを厳しく監督・監査するのはきわめて難しいことに最も注意すべきである。

　とくに監査において最も避けなければならないのは自己監査なので，社外でなくとも監査役にはそれぞれ選・解任，報酬決定面などにおいて独立性が確保される制度になっている。

　取締役会を通じた取締役による経営・執行の監督は，業務執行を担う社内の取締役によっていたため実質的に機能しない状態が日本では長い間続いてきた。そこで，「独立社外」の取締役を入れた取締役会による監督機能強化，ガバナンス向上を狙ってコードが登場したとみてよい。コードが「独立社外取締役の役割・責務」として「会社と経営陣・支配株主等との間の利益相反を監督すること」（コード原則4 − 7⑪）を入れたのはそのためである。

　利益相反の監督・管理は，その対象者と利害関係を同じくしていたら成り立たない。「独立性」の確保がここでも最重要の課題となる。

❷ 独立社外役員による利益相反管理

　社外役員は，求められる最重要の役割が，経営・執行から独立した立場からの利益相反管理であることをしっかり認識しなくてはならない。

　一口で利益相反管理といっても，利益の相反状況がみえていないと難しい。業務執行権限を持つ者が会社所有の不動産を買い受けるといった単純なケースにおいては，まず利益相反状況を見落とすことはない。

　ところが，会社がいわゆる買収防衛策をつくりこれを発動する場合，

経営・執行陣と会社の利益がどのように相反するかはにわかに判定しづらい。

　グリーンメイラーのような株主共同の利益に明らかに反する敵対的買収者からの防衛は当然行われなくてはならない。だが"敵"か"味方"かは現経営陣の判断するところによるので，現経営陣が経営権を失いいわば城を明け渡したくないとの自己保身目的のために買収防衛策を使うおそれが生じる。

　そこで会社法令は，この潜在的利益相反を管理するために買収防衛策およびそれに対する取締役会の判断につき，監査員役員（会）が監査報告中で意見を述べなければならないとした。社外監査役は，独立した立場で利益相反状況をみきわめ適切にこの意見を述べるべきことを意識しなくてはならない。

　一般に敵対的企業買収は，現経営陣に対し経営支配権の明渡しを迫ることをいう。その場面で，誰が"敵"で誰が"味方"かを決めるのは現経営陣である。"味方"である第三者への株式の割当増資などは従来よく行われてきたところであるし，現経営陣が株式を取得し支配権を手にするMBOは究極の"防衛策"ともいえる。

　それだけに，利益相反管理の一環として独立した社外役員の関与が欠かせない。コードは「……資本政策（増資，MBO等を含む）については，既存株主を不当に害することのないよう，取締役会・監査役は……その必要性・合理性をしっかりと検討し，適正な手続を確保するとともに，株主に十分な説明を行うべきである」（原則1－6）としている。

❸ 任意の諮問委員会にできること，できないこと

　改訂コードは，独立社外取締役が取締役会の過半数に達していない上場の監査役会設置会社または，監査等委員会設置会社にあっては「経営陣幹部・取締役の指名・報酬などに係る取締役会の機能の独立性・客観性と説明責任を強化するため，取締役会の下に独立社外取締役を主要な構成員とする任意の指名委員会・報酬委員会など，独立し

た諮問委員会を設置することにより，指名・報酬などの特に重要な事項に関する検討に当たり独立社外取締役の適切な関与・助言を得るべきである」（補充原則4－10①）としている。

　ということは，独立社外取締役は「適切な関与・助言」をすべきことになる。社外監査役もこうした任意の委員会の構成員になることがありその場合は同様に「関与・助言」ができる。

　ただ，あくまで同委員会の設置は任意であって，指名委員会等設置会社における指名委員会，報酬委員会の設置が法定されているのとは異なる。すなわち，この型の経営監督機構の場合，指名，報酬，監査の分野において委員は3名以上でその過半数は社外取締役が占める委員会を必ず置かなければならないからである。

　指名，報酬，監査の各分野には利益相反性，密室性が潜在的にあるため，独立した社外取締役の関与がとくに求められている。過半数の社外取締役だけの意見で下せるところの指名委員会の決議には人事に関し強制力がある。

　同委員会は株主総会に提出する取締役の選任および解任に関する議案の内容を決定でき（会社法404条1項），だれを取締役候補者にすべきかを決められるからである。

　2015年5月1日から施行の改正会社法で導入された監査等委員会設置会社は，委員は3名以上でその過半数は社外取締役が占める監査等委員会を必ず置かなければならない。

　指名，報酬の分野においては，委員会は必置ではない。そのかわり監査等委員会が，監査等委員である以外の取締役の選解任・辞任およびその報酬等につき，株主総会で意見を述べることができる（会社法399条の2第3項3号，342条の2第4項，361条6項）。

　ただ，指名，報酬に関して監査等委員会の持つ権限は法定とはいえ「意見表明権」にとどまる。指名委員会等設置会社の監査委員会の「決定権」とは明らかに差がある。

　そこで，コード（補充原則4－10①）がいうように指名委員会等設置会社でない上場会社の場合，任意の指名・報酬委員会を設けるのが

よいことになる。

その主要な構成員は独立社外取締役であるべきとされるが，諮問委員会なので法定の「決定権」や「意見陳述権」は持たない。諮問された事項につき委員会としての意見を述べるにとどまる。

にもかかわらず任意とはいえガバナンス向上のため設けたこうした委員会の意見が持つ影響力は大きい。

加えて，同委員会の構成員が社外であろうとなかろうと，取締役であれば，取締役会における代表取締役の選任，株主総会に提出する取締役の選・解任議案の決定，重要な使用人の選定につき，取締役会の決議に参加し議決権を行使できる。

ということは，取締役の過半数が独立社外取締役である会社においては，指名委員会などによらなくとも独立社外取締役だけでもって会社の人事につき決定できることになる。

上述の改訂コード4－10①が，独立社外取締役が取締役会の過半数に達していない上場会社についてのみ任意の諮問委員会の設置を求めているのはこのためである。

すなわち，社外取締役は取締役会に上程される人事関連議案のすべてにつき決議に参加し執行側から提案された議案に反対するとともに異議を議事録に留めることができる。

任意の諮問委員会の意見が執行側提案の人事案に反対する内容だったとする。この意見には法律上の拘束力はないので同人事案がそれによって退けられることはない。

とはいえ，同委員会の構成員である複数の社外取締役から取締役会における人事関連の議案に反対の意見が表明される事態になったにもかかわらず，これを賛成多数で可決し押し通すことのできる経営者はまれであろう。

❹ 任意の委員会の「透明性」確保と「指針」

コードの趣旨を探るまでもなく，社外役員をガバナンス向上の"飾り物"で終わらせるかそれとも真に"生かす"ことができるかは，日

本では取締役会の議長を兼ねることも多い経営トップ・CEOの心づもりによるところが大きいといわざるをえない。

いま求められるのは，任意に設ける指名委員会の「透明性」であろう。政府が2016年6月2日に閣議決定した成長戦略では，社長人事のあり方を含めて取締役会の監督機能の強化を打ち出した。

これを受け経済産業省は，社長人事などにつき選考過程を透明化するための指針をつくった。

任意の指名委員会を設ける会社は，改訂コードの影響もあって，東京証券取引所のデータによると，上場企業中の530社に上る。だが，任意なだけに人事案の決定プロセスが不透明になる欠点が指摘されているのも事実である。

そこで，「指針」は任意型を含めた指名委員会につきメンバーの過半数を社外にすることや，人事案の検討に1年以上の時間をかけるなどを求めている。メンバーの氏名や議論の内容が非公表のためにさまざまな憶測を呼び市場に混乱が起こることは避けなくてはならない。

❺ 取締役会の議長について

諸外国のCGコードには，取締役会の議長は社外取締役が務めなければならないと明記するものもある。

日本でも，2017年頃から，取締役会議長に社外取締役を据える上場企業が目立つようになった。それでも，経済産業省によると，東京証券取引所一部・二部上場企業で，会長・社長・CEOの議長兼務は98％を超えている。

取締役会議長を経営執行のトップ（通常は，社長）が務めるのは，経営判断原則適用上は問題がある。会社と取締役の利益相反的内容の決議事項には経営判断原則の適用はより難しい。まして，それを審議する**取締役会の議長が執行者自身でかつ最高経営責任者を兼ねるとなると，会議体における意思決定プロセスの適正さを疑われる**ことにもなりかねないからである。

❻ 東証上場会社『コーポレート・ガバナンス白書2019』より

東京証券取引所は，2007年以降，隔年で『コーポレート・ガバナンス白書』を発刊してきたが，その「2019年版」から，社外役員の選任状況などに関する内容を以下にまとめた。

ア　取締役の人数

　　東証上場企業全体で平均8.28人，東証一部上場企業では9.17人であった。

イ　社外取締役の選任状況

　　東証上場企業全体で97.7%の企業が社外取締役を選任しており，2名以上の独立社外取締役を選任している会社は，71.8%である。

ウ　取締役会議長の属性

　　東証上場企業の83.1%では社長が，15%では会長が取締役会議長を務めている。社外取締役が議長になる会社は，0.8%にとどまる。

エ　任意の委員会の設置状況

　　監査役設置会社である東証一部上場企業の40.3%が任意の報酬委員会を，42.8%が同指名委員会を設置している。

オ　社外取締役・社外監査役の属性

　　東証上場企業の社外取締役のうち，他会社出身者が2018年で59.1%，弁護士出身者が同16.0%であった。

　　同じく社外監査役の場合，独立役員として届け出られたのは76.3%，他の会社の出身者が49.8%，弁護士20.5%，公認会計士16.5%，税理士6.9%，学者2.4%であった。

カ　女性役員の選任状況

　　東証上場企業中に女性役員（本社と子会社の取締役，執行役，執行役員）を選任しているのが7.7%であった。

7 取締役会を充実させる ための事前準備

❶ カギになる事務局のサポート

　経営判断原則が適用されるような取締役会を考えるうえでは，取締役会事務局による事前準備，審議，会議後の3段階でのサポートが欠かせない（下図参照）。とくに事前準備段階からやっておかなければならないことは多い。

取締役会の流れ

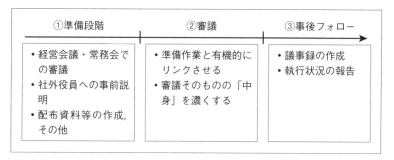

①準備段階	②審議	③事後フォロー
• 経営会議・常務会での審議 • 社外役員への事前説明 • 配布資料等の作成，その他	• 準備作業と有機的にリンクさせる • 審議そのものの「中身」を濃くする	• 議事録の作成 • 執行状況の報告

❷ 経営判断原則の視点

　準備段階の重要性は，経営判断原則の適用要件に，判断の前提となる事実認識に誤りがないことがあることからくる。前提となる**事実を適切に認識するためには，事前の情報収集・分析・評価が必要**になる。分析・評価の段階で外部専門家の意見を求めなくてはならないかもしれない。

　問題は，特別重要案件について，経営判断原則の適用要件をにらみつつ，だれがそうした事前準備の総指揮をとるかである。取締役会を主宰する議長が行うべき事柄には違いないが，細かいところを含め議

長をサポートする事務局なしでは，事実上は運営が不可能となってしまう。

　取締役会をいわば陰で支える事務局の役割が上記の視点からは，従来，不明確であった。ほとんどの会社で取締役会の招集，会議の記録などについて議長を補佐する事務局を置いている。ただ，その役割を含め取締役会規則に明記する会社はそれほど多くないようである。

　事務局として記載された中で最も多いのは総務部（総務人事部，総務経理部，他との共管を含む）である。

　所管を総務部とし，付議事項の選定を経営企画部と協議する旨を定めた例としては，次のような記載例もある。

（事務局）

第○○条　取締役会の事務局は，総務部に置く。

2　事務局は，取締役会の運営に必要な諸事務を取扱う。なお，付議事項の選定事務の取扱いについては，経営企画部と協議して行う。

　事務局を議事録の作成，保管を中心としたいわゆる総務マターにまかせるのではなく，戦略的リスク管理を考えられる事務局にするという意味では，以下の記載例も参考になる。

（事務局）

第△△条　取締役会に事務局を置き，グループ管理本部法務総務部及び経営戦略本部秘書部がこれにあたる。

---

8 審議を活性化させる
ポイント

❶ 取締役会の構成の変化と執行役員制

　　経営判断の原則が適用されるには，何といっても取締役会の審議を充実させなくてはならない。特別重要案件をほとんど中身のある審議もせず，経営トップの"鶴の一声"で決定を下し，結果，会社に大きな損失をもたらした経営陣には同原則の適用を期待できない。

　　活発な議論がなされるために取締役会の審議に参加する人数は何名くらいが望ましいであろうか。監査役（会）設置会社であれば参加の役員は取締役プラス監査役の人数で考えなくてはならない。**一般的には，意見の出やすい会議体の人数は10名以下**であるといわれている。会社法の下での「大会社」の場合，３名以上の監査役がおり（うち半数以上は社外）取締役会への出席義務を負うので，取締役の数は，多くても７，８名に抑えるのが望ましいことになる。

　　これらの調査結果を受け，『運営実態』は次のように述べている。

　　取締役の員数は，1990年代後半の取締役会改革の流れの中，執行役員制度の導入もあって着実に減ってきている。

　　執行役員制は，アメリカにおけるいわゆるD&O制を念頭に置いて任意で企業が採用するものである。D&O制においては，監督するものと監督されるものは分けるのが望ましいとする常識的な考えに基づく（次頁図参照）。

　日本でofficerを執行役員と訳し，執行役員制を導入したのは1997（平成9）年6月のソニーの例が最初である。その下で，執行役員は取締役会によって選任され，分担の業務執行を行う責任者と定義されて，会社とは雇用契約関係になると位置づけられていた。

　任意であるが執行役員制を採用したことで，ソニーは，取締役を38人から10人に削減し，取締役会の役割はグループ全体の経営方針の決定と監督機能に限定されることになった。

　その後，2002（平成14）年の商法改正で委員会（等）設置会社への移行が認められるようになり，「執行役」が導入されたが，監査役（会）設置会社のまま，事実上の制度である執行役員制を敷いている会社は多い。

❷ 社外取締役の「複数」導入

　取締役会を充実させるには，独立したさまざまな立場の社外（独立）役員の審議への参加が欠かせない。

　2014（平成26）年会社法改正で，社外取締役の義務化は見送られたが，コーポレートガバナンス向上のため社外取締役を導入すべきだとする方向性が示された。

　そうした方向性に沿って，すでに証券取引所の上場規則などソフトローは社外・独立役員の導入を求めるように変わった。また，東京証券取引所の調べによると，すでに2014年6月末時点で同取引所の上場企業の約4分の3が社外取締役を選任した。

　とくに経営判断原則適用の視点からすると，社外取締役は導入しさえすればガバナンスが向上し，同原則適用の可能性が高まるかといえ

ばそうではない。社外取締役が取締役会を中心とした会社の意思決定にどこまで実質的に関わったかが問われる。社外取締役が，独立したダイバーシティ（多様性）を生かした立場からの発言を繰り出すことによって，取締役会の審議が実のあるものとなり，経営判断原則適用の可能性が高まる。

ただ，**社外取締役は複数導入しないとガバナンス向上のために機能しない**とされている。1人だと，入る情報量も少なくなりがちというのが理由である。また，社内出身の経営陣を監督・モニタリングする立場で，耳の痛い苦言や直言をいうのに1人で“孤軍奮闘”するのはかなり辛いことに違いない。

❸ 取締役会を活性化させる運営努力と議長の役割

取締役会に社外取締役を参加させ議論を活発にするには会社側の運営努力が欠かせない。なかでも，取締役会を主宰する議長の役割と責任は大きい。

日本では，取締役会の議長は招集権者と同じく経営のトップが就くことにしている会社が多い。しかし，**一般に会議体の議長は，中立・公正な立場で議事運営にあたらなくてはならない**とされる。適切な利益相反管理が求められることがよくある取締役会においては，議案を提案する会社のトップと議長が同一人であることは，あまり好ましいことではない。経営判断原則適用上も同様のことがいえる。

会社法は招集権者についてどのように規定しているかというと，各取締役が招集するのを原則としている（366条1項）。

議長と招集権者を分担させるか否かにかかわらず，取締役会規則には，議長固有の規定例がみられる。議題との利害関係がある場合の取扱いにつき言及している一例は下記のようなものである。

（招集及び招集通知）
第○○条　取締役会は，法令の別段の定めがある場合を除き，取締役社長が招集する。

2　取締役社長に事故があるときは，取締役会の決議によってあらかじめ
　定めた順序により他の取締役が招集する。

3　取締役会の招集通知は，各取締役及び各監査役に対し会日の３日前ま
　でにこれを発する。ただし，緊急の必要があるときは，この期間を短縮
　することができる。

4　取締役及び監査役の全員の同意があるときは，招集の手続を経ないで
　取締役会を開催することができる。

<中略>

（議長）

第○○条　取締役会の議長は，取締役会がこれにあたる。ただし，決議に
　ついて特別の利害関係を有する場合は，当該決議に際しては議長となる
　ことができない。

2　取締役会長に欠員又は事故があるときは取締役社長が，取締役社長に
　事故があるときは取締役会においてあらかじめ定めた順序により他の取
　締役が議長となる。

3　前項の規定は，第１項ただし書の場合について準用する。

　　本記載例の場合，社長と会長で招集権者と議長を分担しており，そ
のうえ，利害関係がある場合の扱いについて言及しているのは，取締
役会議長と経営トップの兼任の弊害を考慮した周到な内容といえるだ
ろう。

　　他の記載例としては，「必要に応じ他の取締役を議長に選定するこ
とができる」旨のただし書を設ける例，「取締役全員が改選された場
合に，出席取締役の互選により［議長を］決める」旨の特例を設ける
３社の例が載っている。

　　152頁，153頁では，東証の『コーポレート・ガバナンス白書2019』
との関連で，取締役会議長を経営執行のトップが務めるのは，経営判
断原則適用上は問題があると書いた。

　　そこで，『運営実態』（143頁参照）と比べて，これが取締役会議長
についてどのような調査結果を示しているかをみてみよう。誰が取締

役会議長を務めているのかの調査では，「代表取締役会長・社長又は取締役兼務の代表執行役会長・社長」と回答した会社が821社（回答会社全体の91.1%）と圧倒的多数を占めた。これを受けて同書は，「取締役又は監督機関としての性格も有しているものの，業務執行のトップにある者が監督機関の議長を務める傾向が強いことがうかがわれる」とコメントしている。

議長の権限についての調査では，「権限を定めている」と回答した会社470社のうち，410社（87.2%）が「取締役会規則」に定めを置いており，「定款」で定めていると回答した会社も191社（40.6%）あった（重複回答）という。

議長の「権限を定めている」と回答した470社について，議長の権限の具体的な内容について調査したところ，418社（88.9%）とほとんどの会社が「取締役会の招集」を挙げており，「議事の進行」を挙げた会社も217社（46.2%）あった。また，資本金300億円以下の42社（470社のうち8.9%）が「出席取締役の賛否同数の場合の裁決権」を挙げているが，同300億円超の会社では同様の裁決権を挙げる会社はない。

❹ 議長による議事の進め方

経営判断原則適用の視点から議長が議事進行上最も配慮しなくてはならないのが，社外役員による発言を適宜引き出すことである。特別重要案件においては，社外役員の発言が本原則の適用を左右することがある。とりわけ，会社と取締役の利益が相反する場面においては，いずれの当事者との利害関係からも独立した立場からする独立・社外役員の発言，関与が決め手となるといってよい。

そのため，議長は取締役会に上程される議案との関連で自身を含め参加者との利害関係を的確に把握しておかなくてはならない。そのうえで，**議題との利害関係があると判断すれば，取締役会規則に規定がなくても議長を交代する**ようにしなくてはならない。

社外役員の発言を適時に引き出せるようにするには，取締役会の議

場で発言を促したりするだけでは足りない。準備段階から事務局に命じ、社外の人間にもわかりやすい資料を用意させ、事前説明に時間を割くようにさせることを心がけるべきであろう。筆者の経験でいうと、取締役会の開催30分前でも、また社外役員全員に対するものでも、**事前説明があるとないとでは案件についての理解度が大きく異なる。**

議案の審議に入ると、担当の取締役あるいは執行役員から内容の説明がなされる。この際にも注意しなくてはならないのは、社外の役員にわかりやすい説明になっているかどうかである。重要案件ともなるとほとんどの場合、先立って経営会議や常務会における検討がなされており、社内の役員にとっては少なくとも2度目の説明になることが多い。

まして担当の役員にとっては、その案件は何もみなくても説明ができるくらい熟知していることであろう。ついつい重要なポイント部分を省略してしまったり、その業界でしか使わない業界用語、略語を用いてのはしょった説明になりがちである。そうしたことがないように気を配るのも議長の役割である。

経営会議や常務会に社外役員が出席していれば説明資料も共通であろうし、重複を避けるために省略してよいこともあるだろう。しかし、取締役会の出席者全員がこうした会議に出席しているとは限らないし、社外役員のうちの1人でも欠席していた場合にはやはり省略することなく説明を尽くすことが必要になるであろう。

経営会議や常務会では、さまざまな貴重な意見が飛び交い充実した審議がなされることはよくある。担当役員は、その審議内容を要約のうえ紹介し、取締役会の場での議案説明の一部とするのがよいであろう。こうすることによって、**正式な意思決定機関である取締役会と経営会議・常務会などとの有機的な連係が実現**できる。

❺ 取締役会決議の方法

日本企業の取締役会で異議が出ることはまれである。ただ、社外取締役が増えてくるようになると、異議が出され、場合によっては会社

提案の議案が否決される事態も今後はあり得ると考えておかなくては
ならない。そうしたぎりぎりの選択場面では、「1票の重み」は否応
なしに増すことになるので、とくに特別利害関係人の扱いには気を付
けなければならない。

　それとともに考えておくべきなのが、決議が可否同数になった場合
の取扱いである。

　『運営実態』によれば、取締役会決議の方法につき取締役会規則に
規定を設けている87社のうち4社が、可否同数の場合について記載し
ている。その1つは、議長は決議を保留して次回の取締役会に再提案
することを認める。残る3つの例は、いずれも議長が決するところに
よるとしている。

　議長の裁量に委ねるやり方については、有効説と無効説の対立があ
る。登記先例（昭和34年4月21日民甲772号民事局長回答）や裁判例
（大阪地判昭和28（1953）年6月19日下民4巻6号886頁）は無効説に
よっている。結果的に**議長である取締役に議決権の二重行使を認める**
ことになるというのが理由である。

9 議事録の作成と保管

❶ 取締役会議事録作成の "姿勢"

経営判断原則適用要件との関連でいうと，取締役会後の議事録の作成，保管は重要な意味を持つ。経営判断原則を適用して取締役の責任を減免するためには，意思決定過程を充実させなくてはならない。

株主代表訴訟が事後に取締役に対して起こされ，経営判断原則の適用が争われるとしよう。被告＝役員側で，**意思決定過程において十分慎重な検討がなされたことを裁判のなかでどこまで証明できるか**に勝敗の帰趨がかかる。有利にも不利にも最大の証拠になり得るのが取締役会の議事録である。

従来，日本企業は取締役会議事録を法令の要求する最小限の内容でしか作成しない傾向があった。その理由は，株主や債権者による同議事録の閲覧・謄写請求を恐れるからといってよいであろう。

会社法の下で，株主（親会社の株主を含む）は権利を行使するため必要があるとき，また，会社債権者は役員の責任を追及するために必要があるときは，裁判所の許可を得て取締役会議事録の閲覧または謄写の請求をすることができる（371条2項〜5項）。株主総会議事録とは異なり，閲覧・謄写の請求は事前の裁判所の許可が必要とされ，裁判所は閲覧・謄写をすることにより，会社またはその親会社もしくは子会社に著しい損害を及ぼすおそれがあると認めるときは許可することができない（同条6項）。

株主代表訴訟を起こそうと考える株主は，必ずといってよいほどこの閲覧・謄写請求をするといわれている。ただ，取締役会の議事録であるから，これから起こるであろう裁判とは関係のない議案や事項についての記載も含むかもしれない。裁判所の許可は議事録の一部に限

定して欲しいと申し立てることができないわけではないが，限定すべき部分の特定が意外にむずかしかったりする。また，取締役会で審議する内容には，技術ノウハウやインサイダー規制の対象になる情報も多く含んでいるので，その点からも外部には出したくないであろう。

取締役会議事録の作成は，従来型の"守り"を中心とした姿勢ではなく，"攻め"を中心にした姿勢に今後は変えていくべきであろう。それは，同議事録は，株主代表訴訟の証拠としても被告＝役員側に不利にはたらくとは限らないからである。むしろ経営判断原則の適用を受けたい立場からすると，重要案件については**慎重な審議を尽くしたことの最大の証拠にするくらいのつもりで議事録の作成にあたる**のがよい。

❷ 取締役会議事録の内容

取締役会議事録には，議事の経過の要領およびその結果を中心に記載すべきであり（会社法369条3項，同法施行規則101条），次の事項をその内容にしなくてはならない（同規則101条3項）。

---

① 取締役会が開催された日時および場所
② 特別取締役による取締役会であるときは，その旨
③ 定款等で定められた招集権者が招集した場合以外の場合は，その旨
④ 取締役会の議事の経過の要領およびその結果
⑤ 決議を要する事項について特別の利害関係を有する取締役がいるときは，当該取締役の氏名
⑥ 会社法で定める一定の規定により取締役会において述べられた意見または発言があるときは，その意見または発言の内容の概要
⑦ 取締役会に出席した執行役，会計参与，会計監査人または株主の氏名または名称
⑧ 取締役会の議長がいるときは，議長の氏名

経営判断原則適用の点からいうと，議事録のこれら内容で関係が大

きいのが④〜⑥である，「要領」や「概要」といった用語がみられるように④や⑥に書かなければならないのは，要約すなわちまとめでよい。しかし，どこまで具体的かつ詳細に書くべきかについては法令上の基準があるわけではない。各社の判断に委ねられており，そのためぎりぎり最小限のことしか書かないきらいがある点はすでに述べたところである。

経営判断原則の適用を受けるため慎重な意思決定過程の跡を残す意味では，とりわけ**社外役員の「意見」や「発言」だけでなく，社内役員によるものであっても議案に反対の意見などが出たときは相当程度詳しく記載しておくのがよい。**

ただ，後日問題となりそうな議案についてのみ「概要」がやたら詳しく，他の議案については従来通りあっさりすませるのではバランスが悪くなってしまう。そこで，株主などからの閲覧・謄写請求のことも考えて，のちに議事録が裁判における有力な証拠になり得るような重要案件については，その議案1件だけの取締役会を開くようにする。そのうえで，**議事録もいわば"有事対応型"の内容にして裁判に備える**のがよいであろう。

❸ 議事録の作成と添付資料，配布資料の取扱い

議事録には「議事の経過の要領」を書かなくてはならない。たとえば「令和元年10月から同年12月末までの四半期決算報告の件」が報告事項で上程されたと仮定すると，本件について議事録の記載は次のようになるのがふつうである。

報告事項○　令和元年10月から同年12月末までの四半期決算報告の件

議長の指名により，取締役○○○から，令和元年10月から同年12月末までの四半期決算について，別紙の資料により報告がなされた。
（報告の概要）

<略>

この場合，別紙は議事録と一体をなすものとして綴じておかなくてはならない。そのうえで，いわゆる袋綴じにして出席役員全員の記名押印または署名を行っておけば，あとから別紙資料をつけ足したと疑われることは避けられる。

　議題が多く，案件ごとに何十頁もの別紙資料がついたりすれば，袋綴じの議事録は自然と分厚くなってしまう。他の議案と同じ取締役会でいっしょに審議するのであれば「別紙1」「別紙2」のように，どの案件の別紙であるかを特定し分けておかなくてはならない。

　経営判断原則の適用を意識しなくてはならないような特別重要案件の場合，社外役員に対する事前および議場での配布説明資料が大量にあったりするが，議事録編綴上それら資料の扱いをどうすべきであろうか。別にその取締役会の際の配布資料として保管しておくことが考えられるが，確定日付でもとっておかないかぎり，後日有利な証拠として作成したことを疑われるおそれがある。

　望ましいのは，全部は無理としても**重要と思われる資料はなるべく「別紙」として議事録本体に綴じ込む**ようにすることである。とくに，法律上の問題点につき事前に検討し作成してもらった弁護士による意見書や不動産の価格についての不動産鑑定士による鑑定意見書などは，一体的に綴じ込んでおいたほうがよい。経営判断原則の適用の有無が問題となる裁判でもその勝敗を左右するほど重要視されることがよくあるからである。

　その他の説明用資料，配布資料で，量的にみて編綴まではしないものについても，「第○回取締役会（令和○年○月○日開催）配布資料」と書いた段ボールに入れてしまっておくだけでは十分ではない。必ず議事録本文中に「取締役○○○が別紙1の資料および配布資料（「○○○」と題する総頁数○頁のもの）に基づいて説明し……」のように書き，そのとき配布した資料を明確に特定しておくべきである。

　このような特別重要案件における議事録添付資料の多さも考えると，やはりその件だけの取締役会開催にするほうがよいことになるだろう。

❹ 議事録記載例の検討—意見の取扱い

　経営判断原則の適用を考慮すべき特別重要案件の場合，社外役員を中心とするさまざまな立場からの意見が出され慎重な審議がなされることが望ましい。問題は，取締役会議事録にそうした意見をどこまで書かなくてはならないかである。

　取締役会議事録には「議事の経過の要領及びその結果」を記載することを要する（会社法369条3項，同法施行規則101条3項）。ここで問題になるのは，「議事の経過」であり，とくに議案についての審議内容をどう書くかである。

　通常であれば，「議長は○○の件を議場に諮ったところ，全員異議なく承認可決された」のように記載することが多い。本来，この書き方は，とくに質問や意見も出ず討議もなされなかった場合におけるものである。決議は全員一致であったとしても，審議のなかで質疑応答がなされ，社外役員から議案に対する反対意見が表明された場合などは議事録に記載すべきである。

　とくに社外取締役については，事業報告に取締役会への出席状況とそこでの発言状況を記載しなければならない（会社法施行規則124条4号イ・ロ）。事業報告には発言内容まで記載する必要はないが，取締役会議事録には重要な発言については内容まで含め必ず記載するのがよい。

　下記記載例のように，東日本大震災直後の取締役会において監査役から意見が出たので決議を先に延ばすのは，**慎重な意思決定過程の証左として経営判断原則の適用上はきわめて重要な意味を持つ**。意見の内容，根拠が添付資料との関連でもしっかりわかるようにしておくのがよい。

決議事項　議案：Ｙ社およびＺ社との生産調整の件

　議長の指名により，甲取締役から，添付資料に基づき，平成23年7月1日から9月22日までの電気事業法第27条に基づく電力の使用制限期間にお

いて，当社，Ｙ社，およびＺ社との間で，「業界団体等における夏期節電対策に係る独占禁止法上の考え方」（公正取引委員会，平成23年４月）に沿った形で生産調整を行いたい旨の提案がなされた。

その際，乙監査役から，添付資料〇頁記載の調整モデルが供給量について制限する趣旨であれば，独占禁止法上問題となり得る旨の意見が提出された。

乙監査役の上記意見を受けて，議長より，改めて本件生産調整につきＹ社およびＺ社との間で意見交換をするため，本議案の決議を次回取締役会まで延期する旨の説明がなされた。

（添付資料）「今夏の電力使用制限期間におけるＹ社およびＺ社との生産調整について」

「決議事項」からわかるとおり，競合他社との生産調整を行おうとする製造業の会社における取締役会を想定した記載例である。通常であれば，独占禁止法に違反するカルテルになりかねないところである。

2011（平成23）年３月11日に起こった東日本大震災後の電力供給不足に対応するために公正取引委員会が緊急に上記文書を出し，同法の適用除外例を認める措置をとった。それを受けての取締役会の決議との想定であるが，本適用除外例はいわば非常事態における緊急避難的なものであるため，適用される期間も限定されるし，そのほか違法とされないために守るべき条件がいくつか課されていた。

監査役は，適法性監査の視点から重要な意見表明をしており，それを受けて改めて競合他社と意見交換を行うとするのは，経営判断原則適用上は望ましいことである。

❺ 議事録記載例の検討—決議結果の書き方

取締役会議事録には「議事の経過の要領」とともに「その結果」を記載しなくてはならない。決議の結果であるから，結論が明確にわかるような書き方が求められる。

よくあるのは出席取締役の全員一致の場合であり，「出席取締役全

員異議なくこれを承認可決した」のように書けばよい。全員一致でない場合は、「出席取締役の賛成多数で可決した」または「出席取締役の反対多数で否決した」のいずれかを書くことになる。取締役会の決議が出席取締役の過半数をもって決するとされているからである（会社法369条1項）。

ただ、異議をとどめない取締役についての賛成推定規定（会社法369条5項）との関係で、**賛成した取締役，反対した取締役，棄権した取締役の氏名**はそれぞれ記載しておくべきである。

特別利害関係人は議決に参加することができない（会社法369条2項）。そのため特別利害関係を有する議題の審議と決議について出席取締役数に算入していないこと、決議にあたり議決権を行使していないことを議事録に明らかにしておくべきである。次のような記載になる。

……なお、取締役〇〇は特別利害関係人であるため、本議案の審議及び議決に参加しなかった。

議案によっては、出席取締役全員が特別利害関係人になることがあり得る。この場合、各取締役に対するたとえばストック・オプションの付与の件として1件ずつ順次審議する方法によって決議するのがよく、次のような記載になる。

……各取締役に関する部分について当該取締役は議決に参加せず、議長に関する部分につき、取締役〇〇が議長を務めて審議を行い、いずれの取締役に関する部分についても、議決に参加する取締役の全員異議なく承認可決された。

なお、特別利害関係人を除いたため出席取締役が1人となった場合でも、その1人による決議を有効とするのが実務である（昭和60年3月15日民事局第四課長回答）。

いずれにしても，特別利害関係人を取締役会の具体的議案ごとに適切に扱えるかどうかは意思決定過程の適法性にかかわる重大テーマである。特別重要案件には，利益相反的状況の下で適法な意思決定をしなくてはならない場合が多い。特別利害関係人を審議や議決から外すべきところ外していないといった手続上の違法があると，経営判断原則の適用はそもそもありえなくなる。慎重な利益相反状況のみきわめに基づいた取締役会運営が必要になる。

取締役会の**決議に参加した取締役で，議事録に異議をとどめないものは，決議に賛成したものと推定される**（会社法369条5項）。異議をとどめる旨の意思表示があったときは，必ずその旨議事録に書かなくてはならない。記載は次のようになる。

……議決に加わることのできる取締役のうち過半数の賛同を得たので，本議案は承認可決された。

　なお，取締役○○は，＿＿との反対意見を表明し，本件につき異議をとどめた。

異議をとどめた結果を記載すれば足りるのであるが，議案に反対の意見が表明されているのであればその意見の内容も書くほうがよい。

監査役が反対意見を表明した場合，監査役は議決権を持たないので議事の結果に書く必要はない。ただ，監査役がどのような意見を述べたかは，監査役自身，善管注意義務を尽くしたかどうかを左右する重要な事項である。加えて，適法性の視点から，たとえば「提案されている取引をこのまま強行するならば独占禁止法に違反するおそれがある」旨の意見が監査役から表明されたとする。

こうした意見に執行側でどう対応するかは，経営判断原則適用上最も問題となり得る場面である。「時間がない」「ビジネスチャンスを逃したくない」などの理由で，意見を抹殺するかたちで拙速にことを進め大きな不祥事を発生させてしまうのは，同原則適用上は最悪である。

意見が，「法令違反のおそれを最小にするためには取引の条件をど

う変えたらよいかについて法律専門家から意見を求める必要がある」との内容だったとする。そこで，執行側としても弁護士の意見書をとることにし，当該取引の承認決議を先延ばしにしたといった事情は，同原則適用上は有利にはたらく。

❻ 議事録記載例の検討—判断の理由をどこまで書くか

最終的には「全員異議なく承認可決」するにしても，その**結果に至る過程を問うのが経営判断原則である**。そうだとすると，ある経営判断を下すにいたる経緯として判断の根拠があるのであればそれを書くのがよいことがある。

かつて，住宅金融専門会社（いわゆる住専）の支援問題が大きく取り上げられた時期に，ある都市銀行が日本住宅金融の再建策受入れを決定した取締役会の議事録に「金融システムの維持に向けた当局の強い要請を受けて……」との記載をしたことが新聞にも報じられ話題になった。

経営判断原則の適用を論じるうえで最もマイナス要素になるのは，根拠なくまたそれを十分に論ずることもなく慎重さを欠いて判断を下すことである。日本では，とりわけ金融業のような規制産業の場合，監督当局の行政指導的要請を尊重する意思決定がなされることがよくある。そうした行政指導の内容は明確なかたちで公表されないのがふつうなので，これに従ったことで会社に発生した損害についての責任が株主代表訴訟で追及される場合に備えて議事録に記載しておくことは意味がある。

ただ，当局の要請があったのでやみくもにこれに従うことにしたのでは，経営判断原則の適用はおぼつかないであろう。

〔参考：書式例（議事録・取締役員会規則)〕

〔資料1　取締役会議事録例〕

　以下に掲げるのは，法務省が商業登記申請書や添付書類の記載例として公表している書式例のうちのひとつである。最小限の法定記載事項だけを書いたきわめて簡潔な内容になっている。

取締役会議事録

　令和○年○月○日午前○時○分，当会社の本店において，取締役○名（総取締役数○名）出席のもとに，取締役会を開催し，下記議案につき可決確定のうえ，午前○時○分散会した。

出席取締役　　法務太郎（議長）

　　　　　　　法務一郎

　　　　　　　法務次郎

出席監査役　　法務花子

1　決議事項

　当会社の本店を下記へ移転すること。

　本店移転先○県○市○町○丁目○番○号

　移転の時期は，令和○年○月○日とする。

　上記の決議を明確にするため，この議事録をつくり，出席取締役及び監査役の全員がこれに記名押印する。

令和○年○月○日

　　　　　　　　　　　　　　○○商事株式会社

　　　　　　　　　　　　　　出席取締役　　法務太郎　　㊞

　　　　　　　　　　　　　　同　　　　　　法務一郎　　㊞

　　　　　　　　　　　　　　同　　　　　　法務次郎　　㊞

　　　　　　　　　　　　　　出席監査役　　法務花子　　㊞

〔資料2〕

　取締役会規則（程）の標準的なひな型といったものはない。以下は，上場会社による一般的な内容の例である。法令または定款で定める事項についても記載している。

取締役会規則

第1条　　目的
1. 本規則は，定款第○条に基づき，取締役会の運営その他取締役会に関する事項を定める。
2. 取締役会に関する事項は，法令または定款に別段の定めがある場合を除き，本規則の定めるところによる。

第2条　　組織
1. 取締役会は，すべての取締役で組織する。
2. 監査役は，取締役会に出席し，必要があると認めるときは，意見を述べなければならない。
3. 取締役および監査役以外のものは，取締役会が承認するとき，取締役会に出席し，意見を述べることができる。

第3条　　職務
　取締役会は，次に掲げる職務を行う。
　① 当社の業務執行の決定
　② 取締役の職務の執行の監督
　③ 代表取締役の選定および解職

第4条　　開催
1. 取締役会は，定例取締役会と臨時取締役会からなるものとする。
2. 定例取締役会は，原則として毎月1回，本社にて開催する。
3. 臨時取締役会は，必要に応じて随時開催する。

第5条　招集

1．取締役会は，法令に別段の定めがある場合を除き，取締役会長がこれを招集する。
2．取締役会長に欠員または事故があるときは，取締役社長が，取締役社長に事故があるときは，取締役会においてあらかじめ定めた順序に従い，他の取締役が取締役会を招集する。
3．取締役会の招集通知は，会議の目的である事項を記載して，会日の3日前までに各取締役および各監査役に対して発する。ただし，緊急の必要があるときは，この期間を短縮することができる。
4．取締役および監査役の全員の同意があるときは，招集の手続きを経ないで取締役会を開催することができる。

第6条　議長

1．取締役会は，法令に別段の定めがある場合を除き，取締役会長が議長となる。
2．取締役会長に欠員または事故があるときは，取締役社長が，取締役社長に事故があるときは，取締役会においてあらかじめ定めた順序に従い，他の取締役が議長となる。

第7条　決議方法

1．取締役会の決議は，議決に加わることができる取締役の過半数が出席し，その過半数をもって行う。
2．決議に特別の利害関係を有する取締役は，議決に加わることができない。
3．会社法370条および当社定款○条に基づき，取締役が取締役会の決議の目的である事項について提案をした場合において，当該提案につき取締役（当該事項について議決に加わることができるものに限る。）の全員が書面等により同意の意思を表示したとき（監査役が当該提案について異議を述べたときを除く。）は，当該提案を可決する旨の取締役会の決議があったとみなす。

第8条　決議事項

1．別表○に定める事項は，取締役会の決議により決定されなければなら

ない。

2．前項にもかかわらず，取締役会の決議を経ないで業務執行を行う合理
　的な理由がある場合，取締役社長の決定に基づき当該業務執行を行うこ
　とができる。この場合，取締役社長は，当該業務執行後最初に開催され
　た取締役会に報告の上，その承認を受けなければならない。

第9条　　報告

1．別表○に定める事項は，取締役会へ報告されなければならない。

2．取締役，監査役または会計監査人が取締役の全員に対して取締役会に
　報告すべき事項を通知したときは，当該事項を取締役会へ報告すること
　を要しない。ただし，会社法363条2項の規定による報告はこの限りで
　はない。

第10条　　議事録

1．取締役会の議事については，法務省令で定めるところにより，議事録
　を作成し，出席した取締役および監査役は，これに記名押印しなければ
　ならない。

2．取締役会の日から10年間，議事録および第7条3項の意思表示を記載
　した書面等を本店に備え置く。

3．議事録の作成および備置は，取締役社長が行う。

第11条　　事務局

取締役会に事務局を置き，○○部がこれにあたる。

第12条　　改廃

本規則の改廃は，取締役会の決議によらなければならない。

10 特別取締役による決議と経営判断原則

　取締役会設置会社で，取締役の数が6名以上，かつ，取締役のうち1名以上が社外取締役である会社の場合，定款の定めによることなく取締役会決議で重要な財産の処分および譲受けならびに多額の借財について，3名以上の特別取締役のうち議決に加わることができるものの過半数が出席し，その過半数をもって決議できる旨を定めることができる（会社法373条1項）。

　特別取締役による議決の定めをした会社は，その旨および特別取締役と社外取締役の氏名を登記しなくてはならない（会社法911条3項21号）。

　この制度がつくられた趣旨は，取締役の員数が多く機動的に取締役会を開催するのが困難である一方で，社外取締役がいることで取締役会によるモニタリング機能を期待できる会社であれば，例外措置を認めてもよいだろうとする点にある。ただ，特別取締役は社外取締役である必要はないので全員を社内出身者で占めることもできる。

　特別取締役は，決定権限のある事項については無制限の権限を持つので，取締役会で決定すべき事項や金額などの限定をつけることはできない。また，特別取締役による決議については，取締役・監査役による取締役会招集請求の規定は適用されず，書面決議で行うことは認められない。

　さらに，特別取締役の互選によって定められた者は，遅滞なく特別取締役による決議の内容を取締役会に報告しなければならない。

　こうした特別取締役による決議で，たとえば重要な財産の処分を決め，結果として会社に損害が生じたときに経営判断原則の適用がどうなるか考えてみたい。

繰り返し述べてきたように，最も本原則が適用されやすいのは，さまざまな立場の取締役や監査役が活発に意見を述べ，それを勘案のうえ慎重に経営判断を下した場合である。その点，特別取締役による決定の場合，**社外取締役が特別取締役として決議に加わっていないのは，本原則を適用するうえでマイナス要素**である。

　特別取締役制度を置いた以上，その権限内の事項については特別取締役の決議に委ねざるをえない。

　特別取締役の決議に出席する義務を負っている監査役（監査役が2名以上いる場合には，監査役の互選によりこれに出席する監査役を定めることができる。会社法383条1項）は，特別重要案件であると判断したら事前に社外監査役の意見も聞いておき，決議の場で表明するようにすべきである。

　ちなみに前掲『運営実態』（143頁参照）のアンケート結果によれば特別取締役制度を導入していない企業は，回答企業の96.6%に達し，同制度があまり用いられていないことを示している。"不人気"の理由は，導入のメリットが少ないことに尽きるのではないか。

　経営判断原則の適用を意識して慎重な経営判断を下したとされるように迅速に取締役会を招集しその承認決議を得ることが困難であったとしても，**重要な財産の処分および譲受けと多額の借財については，事後的な取締役会決議による承認も適法とする見解が実務ではとられている**からである。

　ガバナンス上は，外国人投資家からは取締役会の権限を弱めるものとみられがちであることも理由になっている。

11 書面による決議と経営判断原則

　実際には合議体としての取締役会を開催せず，書面あるいは電磁的記録による意思表示に基づき決議があったものとみなすのが**書面決議制度**である。

　前掲『運営実態』（143頁参照）のアンケートによると，書面決議を「全く利用していない」と回答した会社が58.5%で最も多く，「適宜利用している」と回答した会社が36.4%，「常に利用している」が2.3%であった。

　書面決議によるためには，定款の定めにより，取締役が決議の目的事項について提案をし，かつ，取締役全員が同意し，監査役が異議を述べないことが要件になる。

　問題は，特別重要案件につき急ぐことを理由に書面決議によることとした場合に，経営判断原則適用上不利にならないかどうかである。重要な案件につき審議を尽くして慎重に意思決定をしたことを要求する**本原則適用のためには，書面決議はマイナス要素とならざるをえない**。

　加えて，書面決議は決議が実際はなかったにもかかわらず取締役会決議があったものとみなす制度にすぎない。議事がなかったのであるから議事録は作成しなくてよいはずであるが，登記手続などの必要書類になることがあるので，書面決議の場合にも議事録の作成は義務づけられている（会社法施行規則101条4項）。

　書面決議は，取締役のうち1名でも決議の目的事項について反対を表明すれば行えない。そこで取締役がこの案件については審議を経て決議をすべきだと考えたときは「反対」を表明すればよいことになる。

　ただ，取締役の場合は議決権があるので実際に開かれた取締役会で

も「反対」しないと一貫しない。なんら意見，異議を出すことなく漫然と賛成したと推定されてしまうだけでは，かえって善管注意義務を果たしたかどうかの判断上不利になりかねない。

　その点，監査役が書面決議を行うことについて提起する異議は意味合いが異なる。監査役は取締役会での議決権を持たない。議案内容についての異議ではなく，書面決議によることが当該案件についての意思決定プロセス面で合理性を欠くことになるので取締役会にかけるべきだとの意見である。

　「**意思決定過程が合理的であること**」が，判例から導かれる経営判断原則適用の要件であることからすれば，この点を監査役が適切に権限行使をしなくてはならない。

12 取締役会に対する事後的なフォロー

❶ 取締役会への報告の意味

　　取締役会への報告事項は法定されているものとそうでないものがある。たとえば，（1）職務状況報告（会社法363条2項），（2）競業取引の事後報告（同法365条2項，356条1項1号），（3）利益相反取引の事後報告（同法365条2項，356条1項2号・3号），（4）監査役による取締役の不正行為等の報告（同法382条）などが法定事項の例である。

　　これらのうち，（3）および（4）は，利益相反管理の一環として弊害予防の観点から法が取締役会の事前承認決議を求めている件につき事後報告をさらに求めているのは，**利益相反管理において取締役会の果たす役割の大きさを示すため**といってよい。

　　このほか，法は特別取締役による決議が行われた場合（176頁参照），特別取締役の互選によって定められた者が，遅滞なく同決議の内容を取締役会で報告しなければならないとしている（会社法373条3項）。

　　これも取締役会が，特別取締役による決議そのものは合法だとしても，事案の重要性に鑑み内容面でアフターフォローできるようにしたと考えることができる。

❷ 経営判断原則の適用との関係

　　そこで，こうした重要案件の報告に際しては，とりわけ社外役員が何らかの先立つ決議を追認する内容の意見を述べておくことが考えられる。

　　そもそも，株主代表訴訟によって取締役の責任追及がなされるかもしれない特別重要案件については，法律で定められていなくとも，会

社としては取締役会での報告事項に入れることを検討すべきである。たとえば，あるグループ子会社に巨額を投じて支援することにつき取締役会の承認決議を得ていた案件があるとする。

　グループ子会社の事業がその後どのように行われているのか，不振から支援によって立ち直りつつあるのか，うまくいっていないとしてどこに問題があると考えているのかなどにつき担当役員から報告してもらい，社外取締役から意見を出してもらうなどしておくのがよい。

　グループ子会社支援が成功したのであれば，株主代表訴訟の心配など無用である。しかし，うまくいかず，大きな損失を出したまま支援打ち切りを検討しなくてはならなくなったとする。

　支援を継続すべきとする社内の有力な意見があるなか，経営者は打ち切りを決断したのであるが，事案の重大さからすると，支援を始めたときと同様，打ち切りについても取締役会の承認決議を求めておくのがよい。

　子会社支援の失敗によって，親会社にも大きな損失がもたらされたのであるから，支援をする意思決定をした取締役の責任を追及する株主代表訴訟が起こっても不思議はない。同訴訟のなかで取締役の責任がありとされるかどうかの判定を分けるのが経営判断原則適用の可否である。

　グループ子会社支援を決めたときから，その後の子会社の事業の推移，および撤退を決めるに至るまでの各重要段階で合理的な意思決定が行われることが経営判断原則の適用にとっては最も重要なことである。

　その意味で支援開始後の子会社の状況などの“途中経過”について，**取締役会が随時報告を受けることが後に重要な意味を持つのである。**

13 海外M&Aにおける合理的な買収意思決定のあり方

　海外子会社をM&Aで取得する日本企業が増えている。近時の円高を背景にして「時間を買う」ことのできるM&Aに人気が集まるからで，商習慣，法令内容や言語などが大きく異なる海外現地で，一から従業員や取引先を確保しつつ子会社を立ち上げるのでは，負担が大きすぎるためである。

　一方で，日本企業がM&Aで取得した海外子会社に大きな会計不祥事が相次いでいる。それら不祥事の原因を海外子会社が作ったかというと，むしろ日本企業が作ったとするほうがあたっている。

　しかも，日本企業が"高すぎるプレミアム"を支払って買収を敢行したことが不祥事の遠因になったとみるべきケースが少なくない。

　日本企業による海外M&Aの失敗をなくすには，何よりもまず，日本企業によるM&Aでの「意思決定過程の合理性」を担保できるガバナンス体制を向上させることである。

❶「合理的な意思決定過程」を支えるガバナンス体制とは

　いま日本企業が，巨額を投じ東南アジアの某国で現地企業の買収を行おうとしているとしよう。会社の規模にもよるが，ほとんどの日本企業において，この海外M&Aは取締役会の承認決議が必要な案件になるであろう。

　海外M&Aには，かなりのリスクテイクを覚悟しての「迅速・果断な意思決定」が求められるが，冷静で客観的なリスク分析を踏まえたうえの判断でないと，この意思決定は猪突猛進型の，不適切で拙速な判断になりかねない。

　2015年6月から適用が始まったコーポレートガバナンス・コード

（以下，「コード」という）は，みずから「……意思決定過程の合理性を担保することに寄与すると考えられる内容が含まれており，本コードは，上場会社の透明・公正かつ迅速・果断な意思決定を促す効果を持つこととなるものと期待している」（コード第4章「取締役会等の責務」（考え方）より）と述べている。

コードの考えるガバナンス向上の最善策をつきつめると，多様性（ダイバーシティ）を持った独立社外役員が積極的に参加する活性化した取締役会審議の実現になるであろう。

海外M&Aは，判断を誤った場合のリスクの大きさに鑑みると，「意思決定過程の合理性」が最も求められる場面といわなくてはならない。

東南アジアの某国で現地企業をM&Aで取得し子会社化する場合をモデルに，取締役会審議をどう充実させたらよいかを考えてみよう。

M&Aで海外進出を企てるわけであるから，まず進出先現地特有のリスクを洗い出し，分析・評価したうえで，対応につなげるリスク管理を実践しなくてはならない。

新興国・地域のリスクとしては，地政学的リスクや，法規制・コンプライアンスリスクに特徴がある。

海外M&Aの場合，海外子会社にするために企業を買収するやり方での現地市場への進出プロジェクトである。マーケティング的にみた現地市場でのビジネスの可能性をしっかりチェックしなくてはならない。

他にも，外資によるM&Aとして，現地政府による認可が必要でかつ厳しくはないか，認可基準が法令で明確になっており，担当者によって基準の運用が異なる「人治」状態になっていないか，そこに贈収賄リスクが入り込む余地はないかなど，チェックすべきポイントは多い。

こうしたリスクの認識・洗い出しに始まるリスク管理のプロセスをしっかり履践して，調査結果を取締役会審議に先立って，社外役員などに事前に報告書にして送付しておくことである。これがないと，社外役員は，海外M&A案件につきなかなか適切な意見を表明できない。

重要なのは，社外役員を中心として取締役会が，海外M&Aに伴うリスクが，デューデリジェンス（以下，「DD」という）などを通じてしっかり管理できているかどうか，買収価格の決定プロセスや買収方式の適切性を十分に審議することである。

❷ コードの求める社外役員の「資質」

　コードは，ガバナンス向上の決め手として，取締役会改革を据え，独立社外取締役を「2名以上選任すべき」（同原則4-8）としている。そのうえでコードは，「取締役会は，社外取締役による問題提起を含め自由闊達で建設的な議論・意見交換を尊ぶ気風の醸成に努めるべきである。」（原則4-12）とする。

　社外取締役を中心とする活性化した取締役会審議が最も必要なのが海外M&A案件といってよい。海外M&Aには大きなリスクが伴いがちであるし，取締役会の審議において検討すべき事項は多岐にわたる。

　想定すべきリスクは，M&Aを行う国・地域によって大きく異なる。そのため，外国人社外取締役がいれば日本人の社内役員が気づかないようなリスクを指摘できることがあり，リスクの洗い出しにはきわめて有意義である。

　外国人取締役は，海外M&A案件を多角的に審議するのに必要な多様性（ダイバーシティ）向上に役立つであろう。コードは，関連して「取締役会は，その役割・責務を実効的に果たすための知識・経験・能力を全体としてバランス良く備え，ジェンダーや国際性の面を含む多様性と適正規模を両立させる形で構成されるべきである。」（原則4-11）とする。

　このところ目立つ海外子会社における会計不祥事を防止するには，日本親会社の社外監査役員の「資質」が問われる。そうした会計不祥事の多くは，日本企業による「高すぎる買物」がそもそもの原因になっているからである。

　社外の監査役員による専門的見地から「高すぎるのれん代」にならないよう，買収案件を取締役会審議のなかで積極的に発言すべきであ

る。

買収後に日本親会社の経営陣から海外子会社に向け，減損処理に関する不適切な指示などが出されていないかを継続的にチェックするのも社外監査役員の重要な役割である。

買収時および買収後の会計面における親会社監査を適切に行うために最も重要なことは，監査役員において，日本親会社と海外子会社に適用される会計基準の違いを知るだけの会計リテラシーを備えることである。

なお，「監査役」は，監査役，監査等委員，監査委員を総称した筆者の造語である。

「のれん代の償却」について，IFRS（国際会計基準）と日本基準では処理が異なる。重要なのは，買収時からこの「違い」を理解し，M&Aリスクの評価，検討を行うべきことである。

関連して，コードは「監査役には，財務・会計に関する十分な知見を有している者が１名以上選任されるべきである。」（原則４−11）としており，社外の有資格者がこれにあたることは少なくない。

❸ 海外M&Aにおけるデューデリジェンスの難しさ

海外M&Aに伴うリスクの大半は，対象現地企業のDDの失敗から生じる。とくに新興国・地域における「高すぎる買物」を避けるためには，慎重なデューデリジェンス（DD）を行わなければならない。

日本企業の取締役会としては，海外M&Aを推し進めるにあたって不可欠の適切なDDが行われているかどうかの確認をしなくてはならない。

M&AのDDは，財務・会計面でまず行われるべきである。財務・会計の内容が不健全でいつ倒産してもおかしくないような企業を，高い対価を払って取得するほど愚かなことはない。だが，新興国・地域では企業の財務内容の正確な把握には，ディスクロージャー（情報開示）の不備もあって，かなりの困難を伴う。

新興国・地域でより課題が大きいのが，法務・コンプライアンス面

および経営面でのDDである。法務面では，隠れた債務負担を見逃さないようにすべきである。

ターゲットがメーカーで何年か前に売り出した製品に欠陥があり，現地消費者クラスアクションで巨額の損害賠償責任を追及されかかっているのを見落としてしまうのは初歩的な法務DDのミスである。

法務DDは，実体法，手続法の両面において法制度上不備が目立つ新興国・地域において，どのような潜在的債務がどのくらいあるのかをみきわめるのが難しい。

反対に，製造物責任（PL）の判例法や，消費者によるクラスアクションに関する法制度が最も整備されている米国でも，潜在的な訴訟リスクは見逃がすと巨大なリスクとなって顕在化するおそれが大きい。

経営面のDDは，さらに課題が大きい。閉鎖的なオーナー企業の創業者兼現経営トップから，まとまった量の株式を買い取り支配権を取得して子会社化し，同人（M&Aにおける売主）に買収企業の経営をまかせつづけるケースがよくある。

この場合，買収企業とのシナジーを生み出すのに苦労することがある。海外現地に独特の商習慣などを知り尽くし人脈を駆使して企業を大きく育ててきた場合などとくに，それまで培った経営ノウハウを使い続けようとするであろう。

シナジーを生み出すには，日本企業と現地企業の企業文化の融合が求められる。現地企業の経営トップが，それまでの"属人的な"経営ノウハウで同企業を引っ張ってきた場合などはとくに，その成功体験から，自分のやり方を変えようとせず，融合が進まないことがある。

こわいのは，それまで事業を成功裡に展開できたのが，現地政府の権力者との"癒着"のためであった場合である。新興国・地域でよくあるのは，時の権力者が権力の座から滑り落ちるとまたたく間に犯罪者として身柄を拘束され，その親戚，友人や取り巻き企業が一斉に贈賄の疑いをかけられて摘発されるケースである。

摘発企業のなかに日本企業がM&Aで取得する企業が入らないように，"潜在的な"コンプライアンス違反の種を持っていないかどうか，

買収前の経営者DDでしっかりみきわめなくてはならない。そうした
DDを行う体制とプロセスの適切さを日本企業の取締役会がしっかり
チェックすべきである。

❹「高すぎる買物」をしないための買収方式の検討

　日本企業が取締役会で海外M&A案件を審議するにあたっては，社
外役員による専門家的見地からする買収方式の検討も欠かせない。

　とくに，シナジーを発揮できない「高すぎる買物」をしないように，
アーンアウト（earn-out）方式を採用するかどうか，採用するとして
どのような内容にするかを慎重に審議しなくてはならない。

　アーンアウトは，買収契約に規定される買収代金の支払方法に関す
る，いわば分割払いの約束である。すなわち，アーンアウト方式によ
るときは，M&A取引のクロージング（清算結了）時に支払う金額に
加え，ターゲット企業がクロージング後に一定の収益目標額を達成し
た場合に，追加分の支払いが約束される。

　買収代金の一部延べ払方式といってもよいが，どのようなケースで
この支払方式を用いるかといえば，買収金額が過去の業績よりも今後
の成長に期待しこれを織り込んで決定しようとする場合，あるいは買
収後の業績向上について，買収ターゲット企業の経営陣にインセン
ティブを与えたい場合などにおいてである。

　いずれの場合でも，アーンアウトは買収後のシナジー発揮に大きな
役割を期待できる。「高すぎる買物」をしないためにも，買収後に業
績を上げられないのであれば追加代金を支払わなくてもよいので，合
理的な支払方法ということができる。

　ただ，こうしたメリットを生かせるかどうかは，アーンアウトの
「内容」次第でもあるので，この点慎重な検討を要する。

　追加支払いは，さまざまな目標達成に連動させることができるが，
多いのは財務上の目標値との連動である。

　たとえば，M&Aクロージング後，最初の年度におけるターゲット
企業のEBITDA（金利・税・償却前利益）が，その前の年度におけ

るEBITDAに比べて20％以上増加したときは，売主が超過額の10％を受け取れるとするといった内容の規定を入れることがある。アーンアウトの対象期間は，ケースによってまちまちである。

　加えて，アーンアウト方式は，目標数値を設定したとしても，目標値の計算をめぐっての争いが少なくない。計算に使う会計手法の選択をどうするかについての意見の不一致は争いの原因の第一である。

　M&A後の事業を従前のやり方で続けて業績向上をはかりたい売主側と企業文化と融合させるなかでのシナジーを狙う買主側の思惑が完全に一致しないためのトラブルもよく起こる。

　日本企業の企業理念をグループ会社に浸透させることでグローバルなガバナンス体制を作り出せるかどうかが重要な検討課題とならざるをえない。

　結局，これが可能かどうかを買収方式としてアーンアウトによるかどうかを含めて，日本企業の取締役会では徹底して検討すべきである。

　海外M&Aによる海外子会社の取得，運営が成功するかどうかは，海外子会社とのシナジーを発揮できるかどうかにかかっているといってよい。そして，シナジー発揮は，日本親会社からするコントロールが，どこまでグループ経営の理念に沿って海外子会社に及ぼされるかによって決まる。

　海外子会社取得後の課題が大きいように思えるが，シナジーを発揮できる現地ターゲット企業を"いくらで"買収すべきかを事前に検討し，決定する日本親会社の取締役会によるガバナンスが最も求められる。

参考資料1：取締役会改革マニュアル

1．取締役会活性化策……全般

1－1　取締役会の構成
① 社外・独立取締役が複数参加する取締役会をめざす
② 役員構成に女性や外国人などダイバーシティを持たせる

1－2　取締役会の出席率向上と「形骸化」脱却策
① テレビ・電話会議などの積極活用で出席率向上をめざす
② 事務局が単なる "連絡係" ではなく，戦略的な取締役会運営を担う
③ 決議事項，報告事項の選別におけるメリハリ
　……特別重要案件の扱いを慎重に行う，付議事項が広すぎても狭すぎてもいけない，取締役会規則（程）における「その他重要な事項」を活用する

1－3　取締役会とコーポレートガバナンスの関係
① コーポレートガバナンス向上には取締役会を充実させることが不可欠である
　……このことを出席者全員の共通認識とする
② 英国のコーポレートガバナンス・コードにおける定義的説明
　「コーポレートガバナンスとは，それによって会社を方向づけ，制御するためのシステムである。取締役会は，それぞれの会社のガバナンスに責任を負っている。ガバナンスにおける株主の役割は，取締役と外部会計監査人を任命し，自ら満足できる適切なガバナンス構造が構築されるようにすることである。取締役会の責任には，会社の戦略的目標を設定し，それを実行するために指導力を発揮し，経営を監督し，自らの受託者責任に関連して株主に報告を行うことが含まれている。取締役会の活動は，法律，規則ならびに株主総会における株主に従う。」

※　コーポレートガバナンス向上は，何といっても最重要な意思決定の場である取締役会の改革が決め手となる。コーポレートガバナンス・コードの策定作業において最も注目されたのは，独立・社外取締役についてコードがどのような内容になるかであったが，CGコード案は「少なくとも2名以上」を求めた。

自由民主党は独立取締役を2人以上選任するか，しない場合はその理由を説明する案を提唱した。有識者会議のメンバーには「3名以上」がよいとする意見を持っている人もいたと伝えられるし，取締役会の「3分の1」や「半数」を求める声もあったようである。

ちなみに，英国の同コードは「議長を除く取締役の半数以上は独立取締役とすべき」としているし，「最高経営責任者は取締役会議長を兼任すべきではない」とも規定している。

フランスの同コードは，「支配株主のいない分散所有型の会社においては取締役の半数を，支配株主型の会社では少なくとも3分の1を独立取締役が占めるべきだ」とし，あわせて，「取締役会と委員会の構成は望ましいバランス（性別，国籍や技能の多様性）を考慮すべきだ」，「取締役会の女性比率は2010年の株主総会か上場日の遅い方から，3年以内に20%，6年以内に40%以上を目標とする」と定めていた。

2．取締役会の事前準備

2－1　多面的事前準備

① 意思決定機関のみきわめ

……取締役会で決めるべきことの確認をする

② 事前に調査しておくべき法律問題はないかどうかを確認

……必要に応じて法律意見書などを手配する

（たとえば，独占禁止法に抵触する取引かどうか）

③ 配布資料，説明資料などの準備

……社外役員にもわかりやすい内容かなどを事務局も戦略的に検討する

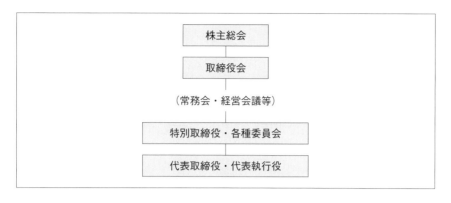

④　社外役員向け事前説明会の開催

　……特別重要案件については必ず行うようにする

　　　場合によっては経営会議などに出席してもらうのでもよい

⑤　適切な議案の作成と通知

　……決議事項と報告事項を法令に従い，漏れるところのないように議案に載せる

　　とくに，取締役の自己取引や特別取締役による決議の事後報告を忘れないようにする

3．取締役会審議そのものの充実

3－1　審議活性化

①　特別重要案件の審議の長時間化の覚悟

　……積極説，消極説などを戦わせれば自然と時間がかかるのは避けられない

②　議論百出の経営会議などとのリンク

　……担当取締役から何が議論されたかを要約して報告してもらう

③　その報告を踏まえた社外・独立役員の意見による審議の活性化

　……特別重要案件については問題点を事前に十分理解してもらっておき，建設的意見を出してもらう

３－２　議長の役割

① 取締役会審議の充実は，取締役会議長次第

……議長自身にこのことを認識してもらう必要がある

② 公平かつ公正，中立的な議事運営を

……会議体の議長として当然の責務である，可否同数の場合の扱いにも注意する

③ 利益相反的事案の議事に留意

……議長自身を含む利益相反状況を見落とさないようにする

④ 社外役員の発言を引き出す

……業務執行側からの発言にならないように注意しつつ，質問，意見が出やすい雰囲気づくりをする

⑤ 英国コーポレートガバナンス・コードにおける記述

取締役会議長は，取締役会の議案を定めるとともに，すべての議案，とりわけ戦略的課題に関するものについて十分な時間が確保されるようにする責務を負う。また，取締役会議長は，特に非業務執行取締役による効果的な貢献を促し，業務執行取締役と非業務執行取締役の間の建設的な関係を確保することによって，開放的な議論の気風を促進するべきである。取締役会議長は，取締役が正確でタイムリーかつ明瞭な情報を得られるようにする責務を負っている。取締役会議長は，株主との有効なコミュニケーションを確保すべきである。

取締役会議長は，任命時点において後掲する独立性基準［略］を満たしているべきである。最高経営責任者は，当該会社の取締役会議長になるべきではない。仮に例外的に，最高経営責任者を取締役会議長にする旨を取締役会が決定する場合には，取締役会は，主要な株主と事前協議を行うとともに，任命時および次回の年次報告書で株主に対してその理由を説明すべきである。

３－３　特別取締役による決議，書面決議の場合

① 特別取締役による決議と経営判断原則適用の関係

……特別重要案件には向かない面もあるので，間をおかずに取締役会

を開催して事後報告をし "追認" を得ておく

② 書面決議と経営判断原則の関係

……特別重要案件を急ぐとしても書面決議によること自体ありえないのでは，として監査役が適切に対応すべき

監査役の対応は，取締役の意思決定に関し，経営判断原則が守られているかの監視・検証として行う

4．議事録の作成，保管

4－1　取締役会議事録の作成

① 同議事録の作成，内容は法令に従って行う

……法令で義務づけられた最小限の内容で済ませようとの考えは，少なくとも特別重要案件については捨てる

② 経営判断原則適用を前提とする

……議事録は同原則適用のために必要な審議プロセスの充実ぶりを立証する最大の証拠になり得る

③ 議事録に書かれる企業秘密を守る

……特別重要案件については取締役会を別に開催するなどを検討する

④ 株主，債権者による閲覧・謄写請求に備える

……裁判所に対しても意見を述べられるようにしておく

⑤ 添付資料と配布資料の扱いに注意

……添付資料・書類は議事録と一体をなして作成するので後から作成したとは疑われなくてすむが，配布資料は，事前説明資料などとともに当該取締役会の席上で配布されたものであることを後で証明できるようにする，場合によっては確定日付の取得も検討する

4－2　議事録の具体的作成方法

① 意見，質問は要約して記載

……すべてを再現する書き方は必要ないが「社外取締役から＿＿について質問があり，担当の＿＿取締役から配布資料に基づいて回答がなされた」のように，添付資料や配布資料と関連づけ，のちの

裁判などの場で総合して証明できるようにしておけばよい

② 異議は必ず記載

　……「社外取締役の____は_____の理由で反対した」と，理由を述べたときは，理由まで書いたほうがよい。条件付賛成（反対）意見は，「条件」をどう扱ったかがのちに裁判で問題となり得るので慎重に扱う

③ 決議の根拠も記載

　……「当局の強い要請を受けて……」「監督官庁の事前相談において示された条件を遵守のうえ本件取引を行うこととし……」のように具体的に書くことも検討する

④ 書面決議の場合にも議事録は必要

　……会社法施行規則101条4項は「決議の省略」の場面だが，記載事項を法定している

4-3　議事録記載サンプル（書面決議の場合）

取締役会議事録

　会社法第370条の規定により，取締役全員が提案された事項に同意し，かつ各監査役から異議が述べられなかったことから，以下のとおり提案された事項を可決する旨の取締役会の決議があったものとみなされた。

1　取締役会の決議があったものとみなされた事項

　(1)　………

　(2)　………

2　上記事項の提案をした取締役の氏名

　(1)　につき取締役○○

　(2)　につき取締役○○

3　取締役会の決議があったものとみなされた日
　　　　令和○○年○○月○○日

　　上記のとおり，取締役会を開催しないで，提案された事項の決議
　がなされたので，これを証するため会社法第370条および会社法施行
　規則第101条第4項第1号に基づき本議事録を作成する。

　　本議事録の作成に係る職務を行った取締役
　　取締役総務部長○○○○

　　以上

5．取締役会の事後フォロー

5－1　事後報告が法定されている場合

① 利益相反取引などの場合……事の重要性からくる

② 特別取締役の決議の場合……取締役会による追認的意味がある

5－2　法定されていない場合

① 特別重要案件については，決議後の"推移を見守る"意味がある，
報告内容次第で進出をはかった事業分野から早期の撤退を検討しなく
てはならないかもしれない

② 既に行った決議内容を変える場合は，決議事項にすることも検討す
る

参考資料２：はじめての社外取締役マニュアル

1　はじめに

　2014（平成26）年６月に成立した会社法改正の下での会社法施行規則改正の主柱は，コーポレートガバナンス改革であった。とりわけ，改正までの過程で議論になったのは，社外取締役を義務化するかどうかであった。結局，いわゆるハードロー（法令）では義務化は見送ったもののコンプライ・オア・エクスプレインルールを取り入れ，「社外取締役を置かないことを相当とする」理由を定時株主総会で説明すべきこととし，証券取引所規則などのソフトローと相まって，"事実上の義務化"にひとしい内容になった。

　2014年２月10日から適用になった東京証券取引所の改訂上場規則は，上場会社に対し，独立性の要件を満たす取締役である独立役員を１名以上確保する努力義務を課した。

　また，2014年12月12日には，金融庁と東京証券取引所が設置した有識者会議で策定作業が進められていたコーポレートガバナンス・コードの原案が公表された。同案の段階から，会社からの独立性が高い社外取締役を「少なくとも２人以上選任すべき」としていた。

2　社外取締役になるにあたっての"心がまえ"

⑴　「はじめて」の意味をよく認識すること

　「はじめて」社外取締役を選任する会社がふえると予想されるといったが，その会社にとって「はじめて」とその人にとって「はじめて」と２通りが考えられる。前者の場合，会社にとってどう社外取締役を受け入れ，活用していくかが課題になる。

　ただ，本マニュアルは，はじめて社外取締役になる人にとっての指針になることをもくろんでいるので，以下においても主にその視点から記述を行う。

　はじめて社外取締役になる人は，改正会社法施行によって社外取締役に求める役割が変わる点をよく認識しておくべきである。

　どう変わるかというと，より独立した視点から経営陣をモニタリング・監督

することを期待されるようになる点においてである。

コーポレートガバナンス・コード（以下，「CGコード」という）は，原則4-7において，独立社外取締役の役割・責務として，以下の4項目を列挙しているので参考にすべきであろう。

> - 経営の方針や経営改善について，自らの知見に基づき……助言を行うこと
> - 経営陣幹部の選解任その他の取締役会の重要な意思決定を通じ，経営の監督を行うこと
> - 会社と経営陣・支配株主等との間の利益相反を監督すること
> - 経営陣・支配株主から独立した立場で，少数株主をはじめとするステークホルダーの意見を取締役会に適切に反映させること

はじめての社外取締役は，就任後，いわばいきなりこうした新たな役割を期待されることになるが，最初から社外取締役とはこういうものだとの認識を持って臨めるのでかえってやりやすいともいえる。

(2) 1名でも役割を果たす気概を持つ

2014年改正会社法施行後の社外取締役は，従前の社外取締役と異なり，より独立性の高い立場に置かれることになる。社外取締役および社外監査役の「社外」要件の見直しによって，親会社，兄弟会社の役員などが社外要件を満たさなくなることからである（ただし，この点については経過措置が置かれている）。

はじめて社外取締役に選任され，しかも会社にとってもはじめての社外取締役となれば，1名だけであとは社内の取締役に囲まれ，取締役会でも気後れがして自由に発言ができないことだってあるだろう。

その点を慮ってかCGコード案（原則4-8）は，「上場会社は……独立社外取締役を少なくとも2名以上選任すべきである」としている。この点については，適任者をみつけるのが困難な"人材難"の状況にあることなどを理由に産業界からは反対の声があがった。

2名以上がのぞましいとしても現実に1名だけの社外取締役は，当面，多くなるであろう。それでも，社外取締役は元来が1名でも独立して職責を果たすべきことを意識し，気概を持って職務にあたらなくてはならない。

なお，CGコード案・補充原則4－8は，「独立社外取締役は，取締役会における議論に積極的に貢献するとの観点から，例えば，独立社外者のみを構成員とする会合を定期的に開催するなど，独立した客観的な立場に基づく情報交換・認識共有を図るべきである」との"提言"をしている。

(3) 利益相反管理に役割を果たす自覚を

CGコードは，原則4－3「取締役会の役割・責務(3)」において，特に「取締役会は，経営陣・支配株主等の関連当事者と会社との間に生じ得る利益相反を適切に管理すべきである」としている。2014年改正会社法が，「社外」要件を独立性を加味して強化し，ソフトローはこれを掘り下げ複数の独立社外取締役を要求するようになった。

なぜ，社外取締役に「独立」性をより強く求めるようになるかといえば，会社と経営・執行陣との利益相反を適切に管理するためである。

社内出身で業務執行の一部を担う者が執行を監督するならば，それ自体が利益相反になってしまう。非業務執行で独立した取締役でなければ，特に利益相反管理は無理である。しかも会社と経営・執行陣との利益が相反する状況下では，株主総会で選任され株主から直接負託を受けたからには会社の側に立って行動することが期待されている。

そのため，利益相反管理が求められる取締役会に臨む社外取締役は，経営・執行側に耳の痛いこともためらわず直言，苦言する覚悟を持っていなくてはならない。

3 取締役会への出席

(1) 取締役会に出席して発言することが社外取締役の主な仕事になること

独立社外取締役は，業務執行を担うことはなくかつ非常勤であることがほとんどである。そうなると，取締役会の場を通じて活動する以外は会社との接点がなさそうであるが，取締役会に先立っての情報収集などを日頃から心がけて行うべきである。

CGコード・原則4－3がいうように，改正会社法をふまえ取締役会は「独立した客観的な立場から，経営陣・取締役に対する実効性の高い監督を行うことを主要な役割・責務の一つと捉え，適切に会社の業績等の評価を行い，その

評価を経営陣幹部の人事に適切に反映すべきである」。

　このいわゆるモニタリングボードは，経営陣の業績を適切に評価できるよう，経営や業務執行の内容をよく知り理解していなくては機能しないはずである。ところが，社外取締役は，「社外」であるからこそ社内の事情には疎いのがふつうである。取締役会に先立って議題となる案件について，積極的に執行側に説明や資料提供を求めなくてはならない。

　「取締役会は，社外取締役による問題提起を含め自由闊達で建設的な議論・意見交換を尊ぶ気風の醸成に努めるべきである」とされている（CGコード原則4−12）。

　といっても，社外取締役が「議論・意見交換」に参加するには，執行側との情報格差がありすぎるのが実情である。事前説明会への出席などを通じ，どこまで「格差」を埋められるかがポイントになる。

(2)　メリハリのある対応をする

　指名委員会等設置会社（2014年改正法施行前は「委員会設置会社」）の場合と異なり，監査役（会）設置会社における取締役会の付議事項は，会社における業務領域全般をカバーして多くなりがちである。

　今後独立の社外取締役が多く関与するようになるので，監査役（会）設置会社においても取締役会の付議事項を見直すことになるだろう。社外取締役の側でも，積極的な関与が求められるのは，利益相反が問題となる案件など，数多い議案のうちの一部が中心であることを認識したうえで，メリハリのある対応を心がけるのが良い。

　社外取締役が期待される役割を果たすために，ほぼすべての取締役会付議事項につき事前準備，調査を尽くすことは望ましいのであるが，事実上無理である。社外取締役の多くは，本業を別に持ち，なおかつ他社の社外役員を兼任することがめずらしくない。

　あとあと取締役会での発言が株主代表訴訟などの場で問題とされかねない重要案件に対象を絞って十分な準備調査をするのが良い。会社の側でもそうした重要案件では意思決定過程の合理性が問われるので，社外取締役への事前説明などに特別の配慮が求められる。

(3)　取締役会における審議に参加する

ともすると形骸化しがちであった取締役会を脱して，今後は会社も取締役会の審議の活性化に向けて力を注ぐはずである。「活性化」の鍵を握るのは，独立した社外取締役の発言であるから，「取締役会における率直・活発で建設的な検討への貢献」（CGコード）ができるような発言を社外取締役は心がけるべきである。

　取締役会の構成メンバーにダイバーシティ（多様性）が求められるなか，社外取締役は，それぞれ異なった知識や経験を持っているはずなので，それに基づきそれぞれの立場をふまえた発言をしなくてはならない。

4　おわりに

　コーポレートガバナンス向上の鍵を握るのは，取締役会改革であり，その中心は独立した社外取締役の関与である。はじめての社外取締役が期待される役割を自覚し積極的に行動できるかどうかにかかっているといっても良い。

参考資料3：2018年改訂後コーポレートガバナンス・コード

～会社の持続的な成長と中長期的な企業価値の向上のために～

第1章　株主の権利・平等性の確保

【基本原則1】

　上場会社は，株主の権利が実質的に確保されるよう適切な対応を行うとともに，株主がその権利を適切に行使することができる環境の整備を行うべきである。

　また，上場会社は，株主の実質的な平等性を確保すべきである。

　少数株主や外国人株主については，株主の権利の実質的な確保，権利行使に係る環境や実質的な平等性の確保に課題や懸念が生じやすい面があることから，十分に配慮を行うべきである。

[考え方]

　上場会社には，株主を含む多様なステークホルダーが存在しており，こうしたステークホルダーとの適切な協働を欠いては，その持続的な成長を実現することは困難である。その際，資本提供者は重要な要であり，株主はコーポレートガバナンスの規律における主要な起点でもある。上場会社には，株主が有する様々な権利が実質的に確保されるよう，その円滑な行使に配慮することにより，株主との適切な協働を確保し，持続的な成長に向けた取組みに邁進することが求められる。

　また，上場会社は，自らの株主を，その有する株式の内容及び数に応じて平等に取り扱う会社法上の義務を負っているところ，この点を実質的にも確保していることについて広く株主から信認を得ることは，資本提供者からの支持の基盤を強化することにも資するものである。

【原則1－1．株主の権利の確保】

　上場会社は，株主総会における議決権をはじめとする株主の権利が実質的に確保されるよう，適切な対応を行うべきである。

補充原則

1−1① 取締役会は，株主総会において可決には至ったものの相当数の反対票が投じられた会社提案議案があったと認めるときは，反対の理由や反対票が多くなった原因の分析を行い，株主との対話その他の対応の要否について検討を行うべきである。

1−1② 上場会社は，総会決議事項の一部を取締役会に委任するよう株主総会に提案するに当たっては，自らの取締役会においてコーポレートガバナンスに関する役割・責務を十分に果たし得るような体制が整っているか否かを考慮すべきである。他方で，上場会社において，そうした体制がしっかりと整っていると判断する場合には，上記の提案を行うことが，経営判断の機動性・専門性の確保の観点から望ましい場合があることを考慮に入れるべきである。

1−1③ 上場会社は，株主の権利の重要性を踏まえ，その権利行使を事実上妨げることのないよう配慮すべきである。とりわけ，少数株主にも認められている上場会社及びその役員に対する特別な権利（違法行為の差止めや代表訴訟提起に係る権利等）については，その権利行使の確保に課題や懸念が生じやすい面があることから，十分に配慮を行うべきである。

【原則1−2．株主総会における権利行使】
　上場会社は，株主総会が株主との建設的な対話の場であることを認識し，株主の視点に立って，株主総会における権利行使に係る適切な環境整備を行うべきである。

補充原則

1−2① 上場会社は，株主総会において株主が適切な判断を行うことに資すると考えられる情報については，必要に応じ適確に提供すべきである。

1−2② 上場会社は，株主が総会議案の十分な検討期間を確保することができるよう，招集通知に記載する情報の正確性を担保しつつその早期発送に努めるべきであり，また，招集通知に記載する情報は，株主総会の招集に係る取締役会決議から招集通知を発送するまでの間に，TDnetや自社のウェブサイトにより電子的に公表すべきである。

1−2③ 上場会社は，株主との建設的な対話の充実や，そのための正確な情報提供等の観点を考慮し，株主総会開催日をはじめとする株主総会関連の日程の適切な設定を行うべきである。

1−2④ 上場会社は，自社の株主における機関投資家や海外投資家の比率等も踏ま

え，議決権の電子行使を可能とするための環境作り（議決権電子行使プラットフォームの利用等）や招集通知の英訳を進めるべきである。

1－2⑤　信託銀行等の名義で株式を保有する機関投資家等が，株主総会において，信託銀行等に代わって自ら議決権の行使等を行うことをあらかじめ希望する場合に対応するため，上場会社は，信託銀行等と協議しつつ検討を行うべきである。

【原則1－3．資本政策の基本的な方針】

　上場会社は，資本政策の動向が株主の利益に重要な影響を与え得ることを踏まえ，資本政策の基本的な方針について説明を行うべきである。

【原則1－4．政策保有株式】

　上場会社が政策保有株式として上場株式を保有する場合には，政策保有株式の縮減に関する方針・考え方など，政策保有に関する方針を開示すべきである。また，毎年，取締役会で，個別の政策保有株式について，保有目的が適切か，保有に伴う便益やリスクが資本コストに見合っているか等を具体的に精査し，保有の適否を検証するとともに，そうした検証の内容について開示すべきである。

　上場会社は，政策保有株式に係る議決権の行使について，適切な対応を確保するための具体的な基準を策定・開示し，その基準に沿った対応を行うべきである。

補充原則

1－4①　上場会社は，自社の株式を政策保有株式として保有している会社（政策保有株主）からその株式の売却等の意向が示された場合には，取引の縮減を示唆することなどにより，売却等を妨げるべきではない。

1－4②　上場会社は，政策保有株主との間で，取引の経済合理性を十分に検証しないまま取引を継続するなど，会社や株主共同の利益を害するような取引を行うべきではない。

【原則1－5．いわゆる買収防衛策】

　買収防衛の効果をもたらすことを企図してとられる方策は，経営陣・取締役会の保身を目的とするものであってはならない。その導入・運用については，取締役会・監査役は，株主に対する受託者責任を全うする観点から，その必要性・合理性をしっかりと検討し，適正な手続を確保するとともに，株主に十分な説明を行うべきである。

補充原則

1－5① 上場会社は，自社の株式が公開買付けに付された場合には，取締役会としての考え方（対抗提案があればその内容を含む）を明確に説明すべきであり，また，株主が公開買付けに応じて株式を手放す権利を不当に妨げる措置を講じるべきではない。

【原則1－6．株主の利益を害する可能性のある資本政策】

支配権の変動や大規模な希釈化をもたらす資本政策（増資，MBO等を含む）については，既存株主を不当に害することのないよう，取締役会・監査役は，株主に対する受託者責任を全うする観点から，その必要性・合理性をしっかりと検討し，適正な手続を確保するとともに，株主に十分な説明を行うべきである。

【原則1－7．関連当事者間の取引】

上場会社がその役員や主要株主等との取引（関連当事者間の取引）を行う場合には，そうした取引が会社及び株主共同の利益を害することのないよう，また，そうした懸念を惹起することのないよう，取締役会は，あらかじめ，取引の重要性やその性質に応じた適切な手続を定めてその枠組みを開示するとともに，その手続を踏まえた監視（取引の承認を含む）を行うべきである。

第2章　株主以外のステークホルダーとの適切な協働

【基本原則2】

上場会社は，会社の持続的な成長と中長期的な企業価値の創出は，従業員，顧客，取引先，債権者，地域社会をはじめとする様々なステークホルダーによるリソースの提供や貢献の結果であることを十分に認識し，これらのステークホルダーとの適切な協働に努めるべきである。

取締役会・経営陣は，これらのステークホルダーの権利・立場や健全な事業活動倫理を尊重する企業文化・風土の醸成に向けてリーダーシップを発揮すべきである。

考え方

上場会社には，株主以外にも重要なステークホルダーが数多く存在する。これらのステークホルダーには，従業員をはじめとする社内の関係者や，顧客・取引先・債権

者等の社外の関係者，更には，地域社会のように会社の存続・活動の基盤をなす主体が含まれる。上場会社は，自らの持続的な成長と中長期的な企業価値の創出を達成するためには，これらのステークホルダーとの適切な協働が不可欠であることを十分に認識すべきである。また，近時のグローバルな社会・環境問題等に対する関心の高まりを踏まえれば，いわゆるESG（環境，社会，統治）問題への積極的・能動的な対応をこれらに含めることも考えられる。

　上場会社が，こうした認識を踏まえて適切な対応を行うことは，社会・経済全体に利益を及ぼすとともに，その結果として，会社自身にも更に利益がもたらされる，という好循環の実現に資するものである。

【原則２−１．中長期的な企業価値向上の基礎となる経営理念の策定】

　上場会社は，自らが担う社会的な責任についての考え方を踏まえ，様々なステークホルダーへの価値創造に配慮した経営を行いつつ中長期的な企業価値向上を図るべきであり，こうした活動の基礎となる経営理念を策定すべきである。

【原則２−２．会社の行動準則の策定・実践】

　上場会社は，ステークホルダーとの適切な協働やその利益の尊重，健全な事業活動倫理などについて，会社としての価値観を示しその構成員が従うべき行動準則を定め，実践すべきである。取締役会は，行動準則の策定・改訂の責務を担い，これが国内外の事業活動の第一線にまで広く浸透し，遵守されるようにすべきである。

補充原則

２−２①　取締役会は，行動準則が広く実践されているか否かについて，適宜または定期的にレビューを行うべきである。その際には，実質的に行動準則の趣旨・精神を尊重する企業文化・風土が存在するか否かに重点を置くべきであり，形式的な遵守確認に終始すべきではない。

【原則２−３．社会・環境問題をはじめとするサステナビリティーを巡る課題】

　上場会社は，社会・環境問題をはじめとするサステナビリティー（持続可能性）を巡る課題について，適切な対応を行うべきである。

補充原則

２−３①　取締役会は，サステナビリティー（持続可能性）を巡る課題への対応は重

要なリスク管理の一部であると認識し，適確に対処するとともに，近時，こうした課題に対する要請・関心が大きく高まりつつあることを勘案し，これらの課題に積極的・能動的に取り組むよう検討すべきである。

【原則２－４．女性の活躍促進を含む社内の多様性の確保】

　上場会社は，社内に異なる経験・技能・属性を反映した多様な視点や価値観が存在することは，会社の持続的な成長を確保する上での強みとなり得る，との認識に立ち，社内における女性の活用を含む多様性の確保を推進すべきである。

【原則２－５．内部通報】

　上場会社は，その従業員等が，不利益を被る危険を懸念することなく，違法または不適切な行為・情報開示に関する情報や真摯な疑念を伝えることができるよう，また，伝えられた情報や疑念が客観的に検証され適切に活用されるよう，内部通報に係る適切な体制整備を行うべきである。取締役会は，こうした体制整備を実現する責務を負うとともに，その運用状況を監督すべきである。

補充原則

２－５①　上場会社は，内部通報に係る体制整備の一環として，経営陣から独立した窓口の設置（例えば，社外取締役と監査役による合議体を窓口とする等）を行うべきであり，また，情報提供者の秘匿と不利益取扱の禁止に関する規律を整備すべきである。

【原則２－６．企業年金のアセットオーナーとしての機能発揮】

　上場会社は，企業年金の積立金の運用が，従業員の安定的な資産形成に加えて自らの財政状態にも影響を与えることを踏まえ，企業年金が運用（運用機関に対するモニタリングなどのスチュワードシップ活動を含む）の専門性を高めてアセットオーナーとして期待される機能を発揮できるよう，運用に当たる適切な資質を持った人材の計画的な登用・配置などの人事面や運営面における取組みを行うとともに，そうした取組みの内容を開示すべきである。その際，上場会社は，企業年金の受益者と会社との間に生じ得る利益相反が適切に管理されるようにすべきである。

第3章　適切な情報開示と透明性の確保

【基本原則３】

　上場会社は，会社の財政状態・経営成績等の財務情報や，経営戦略・経営課題，リスクやガバナンスに係る情報等の非財務情報について，法令に基づく開示を適切に行うとともに，法令に基づく開示以外の情報提供にも主体的に取り組むべきである。

　その際，取締役会は，開示・提供される情報が株主との間で建設的な対話を行う上での基盤となることも踏まえ，そうした情報（とりわけ非財務情報）が，正確で利用者にとって分かりやすく，情報として有用性の高いものとなるようにすべきである。

考え方

　上場会社には，様々な情報を開示することが求められている。これらの情報が法令に基づき適時適切に開示されることは，投資家保護や資本市場の信頼性確保の観点から不可欠の要請であり，取締役会・監査役・監査役会・外部会計監査人は，この点に関し財務情報に係る内部統制体制の適切な整備をはじめとする重要な責務を負っている。

　また，上場会社は，法令に基づく開示以外の情報提供にも主体的に取り組むべきである。

　更に，我が国の上場会社による情報開示は，計表等については，様式・作成要領などが詳細に定められており比較可能性に優れている一方で，会社の財政状態，経営戦略，リスク，ガバナンスや社会・環境問題に関する事項（いわゆるESG要素）などについて説明等を行ういわゆる非財務情報を巡っては，ひな型的な記述や具体性を欠く記述となっており付加価値に乏しい場合が少なくない，との指摘もある。取締役会は，こうした情報を含め，開示・提供される情報が可能な限り利用者にとって有益な記載となるよう積極的に関与を行う必要がある。

　法令に基づく開示であれそれ以外の場合であれ，適切な情報の開示・提供は，上場会社の外側にいて情報の非対称性の下におかれている株主等のステークホルダーと認識を共有し，その理解を得るための有力な手段となり得るものであり，「『責任ある機関投資家』の諸原則《日本版スチュワードシップ・コード》」を踏まえた建設的な対話にも資するものである。

上場会社は，法令に基づく開示を適切に行うことに加え，会社の意思決定の透明性・公正性を確保し，実効的なコーポレートガバナンスを実現するとの観点から，（本コード（原案）の各原則において開示を求めている事項のほか，）以下の事項について開示・公表し，主体的な情報発信を行うべきである。

　(i)　会社の目指すところ（経営理念等）や経営戦略，経営計画

　(ii)　本コード（原案）のそれぞれの原則を踏まえた，コーポレートガバナンスに関する基本的な考え方と基本方針

　(iii)　取締役会が経営陣幹部・取締役の報酬を決定するに当たっての方針と手続

　(iv)　取締役会が経営陣幹部の選解任と取締役・監査役候補の指名を行うに当たっての方針と手続

　(v)　取締役会が上記(iv)を踏まえて経営陣幹部の選解任と取締役・監査役候補の指名を行う際の，個々の選解任・指名についての説明

補充原則

３－１①　上記の情報の開示（法令に基づく開示を含む）に当たって，取締役会は，ひな型的な記述や具体性を欠く記述を避け，利用者にとって付加価値の高い記載となるようにすべきである。

３－１②　上場会社は，自社の株主における海外投資家等の比率も踏まえ，合理的な範囲において，英語での情報の開示・提供を進めるべきである。

【原則３－２．外部会計監査人】

外部会計監査人及び上場会社は，外部会計監査人が株主・投資家に対して責務を負っていることを認識し，適正な監査の確保に向けて適切な対応を行うべきである。

補充原則

３－２①　監査役会は，少なくとも下記の対応を行うべきである。

　　(i)　外部会計監査人候補を適切に選定し外部会計監査人を適切に評価するための基準の策定

　　(ii)　外部会計監査人に求められる独立性と専門性を有しているか否かについての確認

３－２②　取締役会及び監査役会は，少なくとも下記の対応を行うべきである。

(i) 高品質な監査を可能とする十分な監査時間の確保

(ii) 外部会計監査人からCEO・CFO等の経営陣幹部へのアクセス（面談等）の確保

(iii) 外部会計監査人と監査役（監査役会への出席を含む），内部監査部門や社外取締役との十分な連携の確保

(iv) 外部会計監査人が不正を発見し適切な対応を求めた場合や，不備・問題点を指摘した場合の会社側の対応体制の確立

第4章　取締役会等の責務

【基本原則4】

　上場会社の取締役会は，株主に対する受託者責任・説明責任を踏まえ，会社の持続的成長と中長期的な企業価値の向上を促し，収益力・資本効率等の改善を図るべく，

(1) 企業戦略等の大きな方向性を示すこと

(2) 経営陣幹部による適切なリスクテイクを支える環境整備を行うこと

(3) 独立した客観的な立場から，経営陣（執行役及びいわゆる執行役員を含む）・取締役に対する実効性の高い監督を行うこと

をはじめとする役割・責務を適切に果たすべきである。

　こうした役割・責務は，監査役会設置会社（その役割・責務の一部は監査役及び監査役会が担うこととなる），指名委員会等設置会社，監査等委員会設置会社など，いずれの機関設計を採用する場合にも，等しく適切に果たされるべきである。

考え方

　上場会社は，通常，会社法（平成26年改正後）が規定する機関設計のうち主要な3種類（監査役会設置会社，指名委員会等設置会社，監査等委員会設置会社）のいずれかを選択することとされている。前者（監査役会設置会社）は，取締役会と監査役・監査役会に統治機能を担わせる我が国独自の制度である。その制度では，監査役は，取締役・経営陣等の職務執行の監査を行うこととされており，法律に基づく調査権限が付与されている。また，独立性と高度な情報収集能力の双方を確保すべく，監査役（株主総会で選任）の半数以上は社外監査役とし，かつ常勤の監査役を置くこととされている。後者の2つは，取締役会に委員会を設置して一定の役割を担わせることにより監督機能の強化を目指すものであるという点において，諸外国にも類例が見られ

る制度である。上記の3種類の機関設計のいずれを採用する場合でも，重要なことは，創意工夫を施すことによりそれぞれの機関の機能を実質的かつ十分に発揮させることである。

　また，本コードを策定する大きな目的の一つは，上場会社による透明・公正かつ迅速・果断な意思決定を促すことにあるが，上場会社の意思決定のうちには，外部環境の変化その他の事情により，結果として会社に損害を生じさせることとなるものが無いとは言い切れない。その場合，経営陣・取締役が損害賠償責任を負うか否かの判断に際しては，一般的に，その意思決定の時点における意思決定過程の合理性が重要な考慮要素の一つとなるものと考えられるが，本コードには，ここでいう意思決定過程の合理性を担保することに寄与すると考えられる内容が含まれており，本コードは，上場会社の透明・公正かつ迅速・果断な意思決定を促す効果を持つこととなるものと期待している。

【原則4－1．取締役会の役割・責務(1)】
　取締役会は，会社の目指すところ（経営理念等）を確立し，戦略的な方向付けを行うことを主要な役割・責務の一つと捉え，具体的な経営戦略や経営計画等について建設的な議論を行うべきであり，重要な業務執行の決定を行う場合には，上記の戦略的な方向付けを踏まえるべきである。

補充原則

4－1①　取締役会は，取締役会自身として何を判断・決定し，何を経営陣に委ねるのかに関連して，経営陣に対する委任の範囲を明確に定め，その概要を開示すべきである。

4－1②　取締役会・経営陣幹部は，中期経営計画も株主に対するコミットメントの一つであるとの認識に立ち，その実現に向けて最善の努力を行うべきである。仮に，中期経営計画が目標未達に終わった場合には，その原因や自社が行った対応の内容を十分に分析し，株主に説明を行うとともに，その分析を次期以降の計画に反映させるべきである。

4－1③　取締役会は，会社の目指すところ（経営理念等）や具体的な経営戦略を踏まえ，最高経営責任者（CEO）等の後継者計画（プランニング）の策定・運用に主体的に関与するとともに，後継者候補の育成が十分な時間と資源をかけて計画的に行われていくよう，適切に監督を行うべきである。

【原則４－２．取締役会の役割・責務(2)】

　取締役会は，経営陣幹部による適切なリスクテイクを支える環境整備を行うことを主要な役割・責務の一つと捉え，経営陣からの健全な企業家精神に基づく提案を歓迎しつつ，説明責任の確保に向けて，そうした提案について独立した客観的な立場において多角的かつ十分な検討を行うとともに，承認した提案が実行される際には，経営陣幹部の迅速・果断な意思決定を支援すべきである。

　また，経営陣の報酬については，中長期的な会社の業績や潜在的リスクを反映させ，健全な企業家精神の発揮に資するようなインセンティブ付けを行うべきである。

補充原則

４－２① 取締役会は，経営陣の報酬が持続的な成長に向けた健全なインセンティブとして機能するよう，客観性・透明性ある手続に従い，報酬制度を設計し，具体的な報酬額を決定すべきである。その際，中長期的な業績と連動する報酬の割合や，現金報酬と自社株報酬との割合を適切に設定すべきである。

【原則４－３．取締役会の役割・責務(3)】

　取締役会は，独立した客観的な立場から，経営陣・取締役に対する実効性の高い監督を行うことを主要な役割・責務の一つと捉え，適切に会社の業績等の評価を行い，その評価を経営陣幹部の人事に適切に反映すべきである。

　また，取締役会は，適時かつ正確な情報開示が行われるよう監督を行うとともに，内部統制やリスク管理体制を適切に整備すべきである。

　更に，取締役会は，経営陣・支配株主等の関連当事者と会社との間に生じ得る利益相反を適切に管理すべきである。

補充原則

４－３① 取締役会は，経営陣幹部の選任や解任について，会社の業績等の評価を踏まえ，公正かつ透明性の高い手続に従い，適切に実行すべきである。

４－３② 取締役会は，CEOの選解任は，会社における最も重要な戦略的意思決定であることを踏まえ，客観性・適時性・透明性ある手続に従い，十分な時間と資源をかけて，資質を備えたCEOを選任すべきである。

４－３③ 取締役会は，会社の業績等の適切な評価を踏まえ，CEOがその機能を十分発揮していないと認められる場合に，CEOを解任するための客観性・適

時性・透明性ある手続を確立すべきである。

4－3④　コンプライアンスや財務報告に係る内部統制や先を見越したリスク管理体制の整備は，適切なリスクテイクの裏付けとなり得るものであるが，取締役会は，これらの体制の適切な構築や，その運用が有効に行われているか否かの監督に重点を置くべきであり，個別の業務執行に係るコンプライアンスの審査に終始すべきではない。

【原則４－４．監査役及び監査役会の役割・責務】
　監査役及び監査役会は，取締役の職務の執行の監査，外部会計監査人の選解任や監査報酬に係る権限の行使などの役割・責務を果たすに当たって，株主に対する受託者責任を踏まえ，独立した客観的な立場において適切な判断を行うべきである。
　また，監査役及び監査役会に期待される重要な役割・責務には，業務監査・会計監査をはじめとするいわば「守りの機能」があるが，こうした機能を含め，その役割・責務を十分に果たすためには，自らの守備範囲を過度に狭く捉えることは適切でなく，能動的・積極的に権限を行使し，取締役会においてあるいは経営陣に対して適切に意見を述べるべきである。

補充原則

4－4①　監査役会は，会社法により，その半数以上を社外監査役とすること及び常勤の監査役を置くことの双方が求められていることを踏まえ，その役割・責務を十分に果たすとの観点から，前者に由来する強固な独立性と，後者が保有する高度な情報収集力とを有機的に組み合わせて実効性を高めるべきである。また，監査役または監査役会は，社外取締役が，その独立性に影響を受けることなく情報収集力の強化を図ることができるよう，社外取締役との連携を確保すべきである。

【原則４－５．取締役・監査役等の受託者責任】
　上場会社の取締役・監査役及び経営陣は，それぞれの株主に対する受託者責任を認識し，ステークホルダーとの適切な協働を確保しつつ，会社及び株主共同の利益のために行動すべきである。

【原則４－６．経営の監督と執行】

　上場会社は，取締役会による独立かつ客観的な経営の監督の実効性を確保すべく，業務の執行には携わらない，業務の執行と一定の距離を置く取締役の活用について検討すべきである。

【原則４－７．独立社外取締役の役割・責務】

　上場会社は，独立社外取締役には，特に以下の役割・責務を果たすことが期待されることに留意しつつ，その有効な活用を図るべきである。

　(ⅰ)　経営の方針や経営改善について，自らの知見に基づき，会社の持続的な成長を促し中長期的な企業価値の向上を図る，との観点からの助言を行うこと

　(ⅱ)　経営陣幹部の選解任その他の取締役会の重要な意思決定を通じ，経営の監督を行うこと

　(ⅲ)　会社と経営陣・支配株主等との間の利益相反を監督すること

　(ⅳ)　経営陣・支配株主から独立した立場で，少数株主をはじめとするステークホルダーの意見を取締役会に適切に反映させること

【原則４－８．独立社外取締役の有効な活用】

　独立社外取締役は会社の持続的な成長と中長期的な企業価値の向上に寄与するように役割・責務を果たすべきであり，上場会社はそのような資質を十分に備えた独立社外取締役を少なくとも２名以上選任すべきである。

　また，業種・規模・事業特性・機関設計・会社をとりまく環境等を総合的に勘案して，少なくとも３分の１以上の独立社外取締役を選任することが必要と考える上場会社は，上記にかかわらず，十分な人数の独立社外取締役を選任すべきである。

補充原則

４－８①　独立社外取締役は，取締役会における議論に積極的に貢献するとの観点から，例えば，独立社外者のみを構成員とする会合を定期的に開催するなど，独立した客観的な立場に基づく情報交換・認識共有を図るべきである。

４－８②　独立社外取締役は，例えば，互選により「筆頭独立社外取締役」を決定することなどにより，経営陣との連絡・調整や監査役または監査役会との連携に係る体制整備を図るべきである。

【原則4－9．独立社外取締役の独立性判断基準及び資質】

　取締役会は，金融商品取引所が定める独立性基準を踏まえ，独立社外取締役となる者の独立性をその実質面において担保することに主眼を置いた独立性判断基準を策定・公表すべきである。また，取締役会は，取締役会における率直・活発で建設的な検討への貢献が期待できる人物を独立社外取締役の候補者として選定するよう努めるべきである。

【原則4－10．任意の仕組みの活用】

　上場会社は，会社法が定める会社の機関設計のうち会社の特性に応じて最も適切な形態を採用するに当たり，必要に応じて任意の仕組みを活用することにより，統治機能の更なる充実を図るべきである。

補充原則

4－10① 上場会社が監査役会設置会社または監査等委員会設置会社であって，独立社外取締役が取締役会の過半数に達していない場合には，経営陣幹部・取締役の指名・報酬などに係る取締役会の機能の独立性・客観性と説明責任を強化するため，取締役会の下に独立社外取締役を主要な構成員とする任意の指名委員会・報酬委員会など，独立した諮問委員会を設置することにより，指名・報酬などの特に重要な事項に関する検討に当たり独立社外取締役の適切な関与・助言を得るべきである。

【原則4－11．取締役会・監査役会の実効性確保のための前提条件】

　取締役会は，その役割・責務を実効的に果たすための知識・経験・能力を全体としてバランス良く備え，ジェンダーや国際性の面を含む多様性と適正規模を両立させる形で構成されるべきである。また，監査役には，適切な経験・能力及び必要な財務・会計・法務に関する知識を有する者が選任されるべきであり，特に，財務・会計に関する十分な知見を有している者が1名以上選任されるべきである。

　取締役会は，取締役会全体としての実効性に関する分析・評価を行うことなどにより，その機能の向上を図るべきである。

補充原則

4－11① 取締役会は，取締役会の全体としての知識・経験・能力のバランス，多様性及び規模に関する考え方を定め，取締役の選任に関する方針・手続と併

せて開示すべきである。

4−11② 社外取締役・社外監査役をはじめ，取締役・監査役は，その役割・責務を適切に果たすために必要となる時間・労力を取締役・監査役の業務に振り向けるべきである。こうした観点から，例えば，取締役・監査役が他の上場会社の役員を兼任する場合には，その数は合理的な範囲にとどめるべきであり，上場会社は，その兼任状況を毎年開示すべきである。

4−11③ 取締役会は，毎年，各取締役の自己評価なども参考にしつつ，取締役会全体の実効性について分析・評価を行い，その結果の概要を開示すべきである。

【原則4−12．取締役会における審議の活性化】

　取締役会は，社外取締役による問題提起を含め自由闊達で建設的な議論・意見交換を尊ぶ気風の醸成に努めるべきである。

補充原則

4−12① 取締役会は，会議運営に関する下記の取扱いを確保しつつ，その審議の活性化を図るべきである。

　　(ⅰ) 取締役会の資料が，会日に十分に先立って配布されるようにすること

　　(ⅱ) 取締役会の資料以外にも，必要に応じ，会社から取締役に対して十分な情報が（適切な場合には，要点を把握しやすいように整理・分析された形で）提供されるようにすること

　　(ⅲ) 年間の取締役会開催スケジュールや予想される審議事項について決定しておくこと

　　(ⅳ) 審議項目数や開催頻度を適切に設定すること

　　(ⅴ) 審議時間を十分に確保すること

【原則4−13．情報入手と支援体制】

　取締役・監査役は，その役割・責務を実効的に果たすために，能動的に情報を入手すべきであり，必要に応じ，会社に対して追加の情報提供を求めるべきである。

　また，上場会社は，人員面を含む取締役・監査役の支援体制を整えるべきである。

　取締役会・監査役会は，各取締役・監査役が求める情報の円滑な提供が確保されているかどうかを確認すべきである。

補充原則

4－13① 社外取締役を含む取締役は，透明・公正かつ迅速・果断な会社の意思決定に資するとの観点から，必要と考える場合には，会社に対して追加の情報提供を求めるべきである。また，社外監査役を含む監査役は，法令に基づく調査権限を行使することを含め，適切に情報入手を行うべきである。

4－13② 取締役・監査役は，必要と考える場合には，会社の費用において外部の専門家の助言を得ることも考慮すべきである。

4－13③ 上場会社は，内部監査部門と取締役・監査役との連携を確保すべきである。また，上場会社は，例えば，社外取締役・社外監査役の指示を受けて会社の情報を適確に提供できるよう社内との連絡・調整にあたる者の選任など，社外取締役や社外監査役に必要な情報を適確に提供するための工夫を行うべきである。

【原則4－14. 取締役・監査役のトレーニング】
　新任者をはじめとする取締役・監査役は，上場会社の重要な統治機関の一翼を担う者として期待される役割・責務を適切に果たすため，その役割・責務に係る理解を深めるとともに，必要な知識の習得や適切な更新等の研鑽に努めるべきである。このため，上場会社は，個々の取締役・監査役に適合したトレーニングの機会の提供・斡旋やその費用の支援を行うべきであり，取締役会は，こうした対応が適切にとられているか否かを確認すべきである。

補充原則

4－14① 社外取締役・社外監査役を含む取締役・監査役は，就任の際には，会社の事業・財務・組織等に関する必要な知識を取得し，取締役・監査役に求められる役割と責務（法的責任を含む）を十分に理解する機会を得るべきであり，就任後においても，必要に応じ，これらを継続的に更新する機会を得るべきである。

4－14② 上場会社は，取締役・監査役に対するトレーニングの方針について開示を行うべきである。

第5章　株主との対話

【基本原則5】

　上場会社は，その持続的な成長と中長期的な企業価値の向上に資するため，株主総会の場以外においても，株主との間で建設的な対話を行うべきである。

　経営陣幹部・取締役（社外取締役を含む）は，こうした対話を通じて株主の声に耳を傾け，その関心・懸念に正当な関心を払うとともに，自らの経営方針を株主に分かりやすい形で明確に説明しその理解を得る努力を行い，株主を含むステークホルダーの立場に関するバランスのとれた理解と，そうした理解を踏まえた適切な対応に努めるべきである。

考え方

　「『責任ある機関投資家』の諸原則《日本版スチュワードシップ・コード》」の策定を受け，機関投資家には，投資先企業やその事業環境等に関する深い理解に基づく建設的な「目的を持った対話」（エンゲージメント）を行うことが求められている。

　上場会社にとっても，株主と平素から対話を行い，具体的な経営戦略や経営計画などに対する理解を得るとともに懸念があれば適切に対応を講じることは，経営の正統性の基盤を強化し，持続的な成長に向けた取組みに邁進する上で極めて有益である。また，一般に，上場会社の経営陣・取締役は，従業員・取引先・金融機関とは日常的に接触し，その意見に触れる機会には恵まれているが，これらはいずれも賃金債権，貸付債権等の債権者であり，株主と接する機会は限られている。経営陣幹部・取締役が，株主との対話を通じてその声に耳を傾けることは，資本提供者の目線からの経営分析や意見を吸収し，持続的な成長に向けた健全な企業家精神を喚起する機会を得る，ということも意味する。

【原則5－1．株主との建設的な対話に関する方針】

　上場会社は，株主からの対話（面談）の申込みに対しては，会社の持続的な成長と中長期的な企業価値の向上に資するよう，合理的な範囲で前向きに対応すべきである。取締役会は，株主との建設的な対話を促進するための体制整備・取組みに関する方針を検討・承認し，公表すべきである。

補充原則

5－1①　株主との実際の対話（面談）の対応者については，株主の希望と面談の主

な関心事項も踏まえた上で，合理的な範囲で，経営陣幹部または取締役（社外取締役を含む）が面談に臨むことを基本とすべきである。

５−１② 株主との建設的な対話を促進するための方針には，少なくとも以下の点を記載すべきである。

　　(ⅰ) 株主との対話全般について，下記(ⅱ)〜(ⅴ)に記載する事項を含めその統括を行い，建設的な対話が実現するように目配りを行う経営陣または取締役の指定

　　(ⅱ) 対話を補助する社内のIR担当，経営企画，総務，財務，経理，法務部門等の有機的な連携のための方策

　　(ⅲ) 個別面談以外の対話の手段（例えば，投資家説明会やIR活動）の充実に関する取組み

　　(ⅳ) 対話において把握された株主の意見・懸念の経営陣幹部や取締役会に対する適切かつ効果的なフィードバックのための方策

　　(ⅴ) 対話に際してのインサイダー情報の管理に関する方策

５−１③ 上場会社は，必要に応じ，自らの株主構造の把握に努めるべきであり，株主も，こうした把握作業にできる限り協力することが望ましい。

【原則５−２．経営戦略や経営計画の策定・公表】

　経営戦略や経営計画の策定・公表に当たっては，自社の資本コストを的確に把握した上で，収益計画や資本政策の基本的な方針を示すとともに，収益力・資本効率等に関する目標を提示し，その実現のために，事業ポートフォリオの見直しや，設備投資・研究開発投資・人材投資等を含む経営資源の配分等に関し具体的に何を実行するのかについて，株主に分かりやすい言葉・論理で明確に説明を行うべきである。

索　引

〈著者略歴〉

長谷川　俊明（はせがわ　としあき）

1973年早稲田大学法学部卒業。1977年弁護士登録。1978年米国ワシントン大学法学修士課程修了（比較法学）。元司法試験考査委員（商法），国土交通省航空局総合評価委員会委員。現在，渉外弁護士として，企業法務とともに国際金融取引や国際訴訟を扱う傍ら，上場・大会社の社外監査役を務める。長谷川俊明法律事務所代表。

主な著書：『訴訟社会アメリカ』『競争社会アメリカ』『日米法務摩擦』（以上，中央公論新社），『日米パテントウォー』（弘文堂），『東西合弁の法律実務』（共著）『海外進出の法律実務』『国際ビジネス判例の見方と活用』『中国投資の法的リスクマネジメント』（共著）『海外子会社の契約書管理』『海外子会社のリスク管理と監査実務（第2版）』『アクティビスト対応の株主総会準備』（以上，中央経済社），『株主代表訴訟対応マニュアル100カ条』『訴訟社会』（訳書）（以上，保険毎日新聞社），『ビジネス法律英語入門』『リスクマネジメントの法律知識』（以上，日経文庫），『紛争処理法務』『国際法務』（以上，税務経理協会），『電子商取引の法的ルールと紛争予防完全対応策』『はじめての英文契約書起案・作成完全マニュアル』（以上，日本法令），『実践　個人情報保護対策Q&A』（経済法令），『個人情報保護法と企業の安全管理態勢』（金融財政事情研究会），『ローダス21最新法律英語辞典』（東京堂出版），『改訂版 条項対訳 英文契約リーディング』『改訂版 法律英語の用法・用語』『改訂版 法律英語と紛争処理』『法律英語とガバナンス』（以上，第一法規）ほか。

新しい取締役会の運営と経営判断原則〈第2版〉

2015年3月20日　第1版第1刷発行	
2017年5月10日　第1版第2刷発行	
2020年3月1日　第2版第1刷発行	

著　者　長　谷　川　俊　明

発行者　山　本　　　継

発行所　㈱中　央　経　済　社

発売元　㈱中央経済グループ
　　　　パ ブ リ ッ シ ン グ

〒101-0051　東京都千代田区神田神保町1-31-2
電話　03 (3293) 3371 (編集代表)
　　　03 (3293) 3381 (営業代表)
http://www.chuokeizai.co.jp/

印刷／三 英 印 刷 ㈱
製本／㈲ 井 上 製 本 所

© Hasegawa Toshiaki 2020
Printed in Japan